権力の読みかた

状況と理論

萱野稔人

TOSHIHITO KAYANO

青土社

権力の読みかた　目次

凡例

ミシェル・フーコーの著作へのレフェランスは略記号によってあらわす。引用にさいしては、フランス語原版と邦訳の頁数をともにしめす。また、*Dits et écrits*からの引用では、頁数だけでなく巻数も略記号のあとに記す。

本書でつかう略記号は以下のとおり。

AS = *L'archéologie du savoir*, Éditions Gallimard, 1969（『知の考古学』中村雄二郎訳、改訳新版、河出書房新社、一九八一年）

SP = *Surveiller et punir. Naissance de la prison*, Éditions Gallimard, 1975（『監獄の誕生——監視と処罰』田村俶訳、新潮社、一九七七年）

VS = *La volonté de savoir*, Éditions Gallimard, 1976（『知への意志』渡辺守章訳、新潮社、一九八六年）

DE = *Dits et écrits. 1954-1988*, 4 vol, Éditions Gallimard, 1994（『ミシェル・フーコー思考集成』全十巻、蓮實・渡辺監修、小林・石田・松浦編集、筑摩書房、一九九八 - 二〇〇二年）

なお、引用はおおむね邦訳にしたがったが、文脈などに応じて訳文を変更させていただいた場合がある。訳者の方々に感謝したい。

権力の読みかた——状況と理論——

序論

国家権力とフーコー権力論のあいだ

ときどき、権力についてあれこれと論難したがる人は、じつはそのうらで権力を手に入れたがっている、などといわれることがある。自分では権力を手に入れられなかったからこそ、あれこれ論難することで無意識的にその欲望の挫折を埋め合わせているのだ、と。

くだらない見方だと思う。精神分析における無意識の概念をこれ以上ないほど骨抜きにしてしまうような発想だ。おそらくこんなふうに考えてしまう人というのは、根っからのルサンチマンのもち主なのだろう。「あいつはあんなキレイゴトをいっているが、じつは自分でも権力がほしいだけだ」なんていったところで、「そういうオマエだってそうだろ」と逆につっこまれてしまうのがオチだ。これでは醜い足の引っぱり合いにしかならない。ただ、そうした見方をくだらないと思いつつも、こうして一冊の権力論をだそうとしている自分については、あながちそれも外れてはいないな、と思ったりもするのだが……。

冗談はおいておこう。

権力というのは、それをほしがろうがほしがらなかろうが、理論的な考察の対象となるものだ。権力関係のない社会はありえない、とミシェル・フーコーがいうように、権力を思考することは、社会がどのようにくみたてられ、どのように動いているのかをとらえることにつながる。権力を読む、とは、社会を読解することにほかならない。

とはいえ権力とはなんだろうか。権力を読むといっても、そもそも権力とはなにかということがわからなければ、思考をすすめることはできないだろう。だからまずは権力ということでなにが問題になるのかをある程度明確にしておかなくてはならない。それがものを考えるときの順序というものだ。

冒頭で、権力について論難する人ほど権力を手に入れたがっている、という見方をとりあげた。「権力を手に入れる」というのは、権力についてしばしばもちいられる表現だ。ほかにもこれに類似した表現として、「権力の座につく」「権力をもつ」「……には権力がある」といったものがある。

では、「権力を手に入れる」などといわれるとき、実際にはそれはどのようなことを指しているのだろうか。権力が獲得されるといっても、それは権力が物理的なモノのように手に入れられるということではないだろう。権力は、手で触れたりつかんだりできるような物体ではない。

この点については、ハンナ・アーレントの説明が参考になる。アーレントはこう述べている。

われわれは、だれかが「権力の座について」いるというとき、それは実際のところ、かれがある一定の数の人からかれらに代わって行為する権能を与えられていることを指しているのである。[1]

アーレントのこの説明によれば、権力を手に入れるとは、一定数の人たちから、かれらに代わって決定したり行為したりする権能をあたえられるということである。逆にいうなら、だれかが権力をもっているというとき、その権力は、その人間の決定や行為にしたがって一定数の人びとが動くことによってなりたっている。そしてそうした人びとの数が多ければ多いほど、その権力もまた大きなものとなるのだ。

権力を手に入れられるかどうかは、だから、みずからのもとで動いてくれる人間をどれだけたくさん集められるかにかかっている。そうした権力の獲得を投票行為によってシミュレートするのが選挙である。「権力はつねに数を必要とする」[2]とアーレントはいう。権力を獲得したり行使

1 ハンナ・アーレント『暴力について——共和国の危機』山田正行訳、みすず書房、一三三頁
2 『暴力について』一三〇頁

したりするためには、まずもって人間の数が必要なのだ。

権力はこの点で、集団をつうじてのみ生みだされ、維持される。アーレントはつづける。

> 権力はけっして個人の性質ではない。それは集団に属するものであり、集団が集団として維持されているかぎりにおいてのみ存在しつづける。[3]

どれほど大きな権力を個人がもつことがあるとしても、その権力は当人のなにか個人的な能力としてその人に備わっているのではない。たとえばヤクザの親分がこわいのは、その親分がずばぬけて身体的に強いからではない。そうではなく、かれのもとで何人もの人間が――刑務所に入ったり、ときには命を落とすことをいとわずに――動いてくれるからだ。かれの権力はかれが集団をまとめあげることができるかぎりで存在する。

もちろん、権力をなりたたせる集団はつねに上下関係によってのみくみたてられているわけではない。自分のために動いてくれる友人や知人を多くもつことも、同じように権力をもたらしてくれる契機となる。この場合は、横のつながりが権力の基盤となる集団をくみたてることになるだろう。

したがって、権力者がなすべき仕事とは、みずからのもとで（あるいはみずからのために）動いてくれる人をいかに自分につなぎとめ、その関係を維持していくかということになる。権力者であるためにはどのような資質が必要なのかということも、ここから明らかになるだろう。すなわち、他者にこちらのために動こうという気にさせるような人心術にたけていること、そして、複数の人間をうまくまとめあげ、かれらの行為や感情をうまく組織することができること。こういった資質が権力を保持するためには必要なのである。

＊

とはいえ、ここで次のような疑問がでてくるかもしれない。みずからのために動いてくれる人間をどれだけたくさん集めることができるかが権力を手に入れるための必要条件だということだが、身近なところで権力をもっている人たちをみてみると、かならずしもかれらはそうした人間をみずから集めることで権力を獲得しているわけではない、と。

たしかにそうだ。たとえば会社や役所といった組織のなかの上司は、みずからのもとで動いてくれる人間をたくさん集めたから上司としての権力を手に入れているわけではない。たんに組織のなかで昇格したから上司になっているだけだ。また部下のほうだって、ほかならぬかれのために動こうと思ったからかれの部下になったわけではなく、たまたまその人が上司だからかれに従

3　『暴力について』一三三頁

っているにすぎない。

ここには集団の脱人格化という働きがある。

権力をなりたたせる集団は、当たり前のことだが、人間のあいだのつながりでできている。つまり権力者はみずからのもとで動いてくれる人を集め、組織することで、はじめて権力を保持することができる。逆にいえば、その集団は、権力者であるリーダーがなんらかの理由で――たとえば死ぬなどして――その地位からいなくなったとき、崩壊の危険にさらされることになるだろう。もともとその集団は、リーダーのために動こうという人たちによってくみたてられていたからだ。ときとしてヤクザ組織が、親分の死によって内部抗争にみまわれ、分裂してしまうのはそのためである。

集団が崩壊してしまえば、その集団によってなりたっていた権力も消えてしまう。だから権力が――権力者の退場をこえて――維持されるようになるためには、集団が人間のあいだの人格的なつながりにできるだけ依存せずにくみたてられるようにならなくてはならない。これが集団の脱人格化を要請する。

では、その脱人格化はどのようになされるのだろうか。それは、集団のなかに役職とそれに付随する権限がさだめられることで、その集団の人間関係が再構成されることによって、である。

これをつうじて集団は、人間のあいだの人格的なつながりによってではなく、特定の権限を付与された役職のあいだの関係によってくみたてられることになる。集団のメンバーはこのとき、なんらかの役職についているかぎりでのみ、一定の権力をもちいることができる。集団のリーダーとして権力を行使する者にとってもそれは変わらない。かれが権力を行使できるのは、かれが占めているポジションに付随した権限の範囲内においてであり、かれがそのポジションから去れば、かれの権力は消滅し、そして別の人がそのポジションを占めにくるだけである。

　これは個人からしてみれば、権力をもちいるために、いちいち他者たちを自分のもとで動こうという気にさせなくてもよくなるということを意味するだろう。こうした負担の軽減があるからこそ、集団の脱人格化は――集団にとってだけでなく――諸個人にとっても「合理的な」ものとして推進されるのである。

　以上のような脱人格化によって制度といわれるものがうまれる。制度とはまさに、権力をなりたたせる集団がひとつの権力機構へと脱人格化されるときに定立される、役職と権限の体系のことにほかならない。

　重要なのは、集団の脱人格化は、権力ができるだけ安定的に維持されるための要請から出てくるという点だ。つまりそれは、権力そのものの自己保存の運動によってもたらされる。この意味でいえば、集団が脱人格化され、制度が設立されるのも、権力じたいの働きによって、ということになるだろう。集団の脱人格化とは、権力とそれをなりたたせる集団がみずからを「進化」させていくプロセスをあらわしているのである。

　もちろんこの「進化」には終わりがない。いいかえるなら、集団のなかでいかに強固に役職や権限がさだめられたとしても、その集団が人格的な要素から完全に自由になることはない。集団というのはあくまでも人間のあいだのつながりによってなりたっている。この事実は、集団の脱人格化がどこまですすんでも消えることはない。集団を構成する人間がいなくなれば、どれほど高度に脱人格化された集団であろうと消滅せざるをえない。

注意しておきたいところだ。つまり、集団の脱人格化とは、人間のあいだのつながりにまったく関係なく集団がなりたつようになるということを意味しているのではなく、集団が人格的な要素に依存する度合いが小さくなっていくということを意味している。だからこそ、たとえ役職や権限が集団のなかにさだめられていても、その集団の脱人格化の度合いが低ければ（つまり人格的な要素への依存が強ければ）、なんらかの人間関係の変更によってその集団は分裂したり消滅したりしてしまうのである。

＊

ここで少し視点を変えて権力をとらえてみよう。

とりあげたいのは国家権力とよばれるものだ。おそらく「権力」といわれて国家権力を思い浮かべるのは、日常的には普通のことだろう。権力を思考するとき、国家の問題を無視することはできない。

とはいえ、国家権力とは実際のところなんなのか、そのままではイマイチわかりづらい。それを明確にするためには、国家権力がなにによってなりたっているのかを考えることが必要だ。

国家がみずからの命令や法に人びとを従わせることができるのはなぜだろうか。われわれはかならずしも国家から出されるすべての法や命令に納得しているわけではないだろう。また、われわれのなかには、法をまもることが大事だと思っている人もいれば、法への敬意をほとんどもっていない人もいる。法にたいして敵意すら抱いている人もいるだろう。にもかかわらず、そうした違いをこえて、国家はみずからの命令や法を社会のなかに貫徹することができる。なぜだろうか。

その理由は、国家が最終的には暴力をもちいることができる、という点にある。暴力、というのが曖昧なら、物理的力と言いかえてもいい。「言葉の暴力」などのメタ・フィジック（超‐物理的）な暴力からそれを区別するためだ。

たとえば国家はみずからの命令（法）にそむいた人間を逮捕し、処罰する。それがイヤだからわれわれは国家の命令に——たとえその命令に納得していなくても——従うのである。逮捕とは、物理的な力をもちいて強制的に身柄を拘束するということだ。この物理的な力の行使は、さらにもっと大規模になると、最終的には戦争までいきつく。この場合は、他国にこちらの要求をのませるために、殺戮や破壊というかたちで物理的な力をもちいるのである。

こうした暴力の行使は、国家権力といわれるものが実際にはどのような権力なのかをわれわれに教えてくれる。マックス・ウェーバーによる権力の定義がここでは参考になるだろう。

「権力」とは、或る社会的関係の内部で抵抗を排してまで自己の意志を貫徹するすべての可能性を意味し、この可能性が何に基づくかは問うところではない。[4]

つまり権力とは、たとえ相手がイヤだと思ってもこちら側のいうことに従わせることができる可能性のことである。その可能性を、国家は暴力の行使によって確保するわけだ。これを、国家権力の源泉は暴力の行使にある、という。

もちろん、この引用文でウェーバーも述べているように、相手を従わせる可能性を保証するのは暴力だけではない。

たとえば会社は、給料をあたえることによって、あるいは昇進への希望や「クビにするぞ」というおどしによって、従業員を従わせ、働かせる。また教師は、及第させるか落第させるかをきめる権限をもつことで、遊びたい生徒に勉強させることができる。これら二つのケースでは、暴力以外のもの――カネや特定の権限――が権力の源泉となっている。

つまり、さまざまなものが権力源泉となりうるのである。このことは逆に、国家権力の特徴がどこにあるのかを示しているだろう。その特徴はまさに、国家が暴力の行使をみずからの権力源泉にしている、というところにある。

暴力にさらされるのは、ほとんどの人にとってイヤなことだ。逮捕されて自由を奪われるのもイヤだし、痛い目にあうのはもっとイヤだ。いいかえるなら、暴力は、それを恐れる者であれば誰にたいしてでも権力を発動することができる。会社の権力は、その会社から給料をもらおうとする従業員にしかおよばない。また教師の権力は、そのもとで及第したいと思っている生徒にしかおよばない。これにたいし、暴力にはそうした制限はない。暴力は他の権力源泉にくらべて文脈自由に権力を創出することができるのだ。

国家はなぜ暴力を権力源泉にしているのか、その理由がここからわかるだろう。暴力はあらゆる文脈をこえて権力をもちいることを可能にする。暴力の前では、他の権力源泉はほとんど機能することができない。だからこそ国家は、あらゆる組織や制度、集団をこえて、社会のなかに至上の権力（＝主権）として君臨することができるのである。

ただし、暴力を権力源泉とするのは国家だけではない、ということには注意しておこう。たとえばヤクザやマフィアといった組織も、暴力によって人びとを従わせようとする。

では、国家はどのような点でそうした暴力組織と区別されるのだろうか。それは、国家だけが法にもとづいて暴力をもちいることができる、という点でだ。それ以外の暴力組織は非合法的にしか暴力をもちいることができない。

法と暴力のむすびつきは国家を考えるうえで本質的なポイントだ。じじつウェーバーは、合法

4　マックス・ウェーバー『社会学の根本概念』清水幾太郎訳、岩波文庫、八六頁

的な暴力行使の独占ということによって国家を定義している。法の名のもとで暴力をもちいるのは社会のなかで国家しかない。

もちろん、国家以外の組織や個人が暴力を合法的にもちいることができるケースもないわけではない。たとえば民営化された警察や正当防衛などのケースだ。しかしそうした場合でも、国家以外の組織や個人が合法的に暴力をもちいることができるのは、あくまでも国家によってそのように認められるかぎりにおいてなのである。

*

国家権力の問題にもう少しこだわってみよう。

そもそも国家が暴力を権力源泉にすることができるためには、国家はみずからの支配下にいるあらゆる集団や個人よりも大きな物理的力を発揮することができなくてはならない。それにはより多くの人間をみずからのもとに集め、組織し、みずからのために動いてもらうことが不可欠だ。当たり前だが、一人よりも一〇人で協力したほうが大きな物理的力を発揮できる。

つまり、暴力を持続的な権力源泉とするためには、暴力の組織化が不可欠なのである。暴力の組織化、とは、複数の人間を物理的力の集団的な運用にむけて組織するということだ。

もちろん一人でも暴力を権力源泉にすることはできる。たとえば武器をつかったり、自分よりも体力的に弱い人間を相手にすれば、物理的な力の優位にたつことができるからだ。しかし多数の人間にたいして持続的に暴力を権力源泉とするためには、暴力を組織化することがどうしても必要になってくる。

では、組織化した暴力をバックに国家はなにをするのだろうか。国家がまずおこなうのは、支配下にいる人びとから税を徴収するということである。それによって国家は、みずからのスタッフに俸給を支払い、また暴力の行使に必要なさまざまな物資を手に入れるのである。

税の徴収はあらゆる国家にとって本質的な活動だ。というのも、国家はそれによって暴力の集団的な運用に必要な富を獲得するからである。ここにはひとつの循環的な運動があるだろう。すなわち、組織化した暴力をもちいて人びとから労働の成果を徴収し、その徴収した富をつかって暴力の組織化そのものを維持する、という循環だ。これは国家をなりたたせるもっとも基本的な運動にほかならない。

ただしそれだけではない。組織化した暴力をバックに、国家はまた、人びとを動員し、役務を課し、公共事業をおこなう。そこでなされるのは、人びとの生産活動をより効率的なものにするための空間の整備（たとえば農業のための灌漑など）であったり、国家の活動をささえるための施設の建設であったりする。公共事業の歴史は国家とおなじだけ古い。ドゥルーズとガタリは、国

5　マックス・ウェーバー『職業としての政治』脇圭平訳、岩波文庫、九頁、参照

家のもともとの姿というのは「大土木工事の事業主」[6]だったと述べている。

現代の公共事業は、税を徴収するという一つ目の活動と、この二つ目の活動とがくみあわさってできている。いまや国家は直接的な事業主であることから身を引き、そのかわりに税として徴収したカネをつかって事業を民間企業などに委託する。そこでは、暴力を背景に徴収されたカネが、政治家や役人の決定を経由して特定の企業や法人へとまわされる。こうしたカネの流れに付随して、利権といわれるものが発生するのだ。

暴力の組織化にもどろう。

国家は暴力の集団的な運用にむけて人びとを集めて組織する。この「人びとを集めて組織する」というのは、すでにみたアーレントの権力概念にあたるものだ。これにたいして、国家が暴力をバックに意志を貫徹するというのは、ウェーバーのいう意味での権力の実践にあたる。

これら二つのタイプの権力は、国家の活動においてつながっている。暴力を権力源泉とするためには、国家はたえず暴力を組織化しなくてはならないからだ。つまり、ウェーバー的な権力の実践には、アーレントのいう意味での権力の実践が——少なくとも国家という組織の内部では——不可欠なのである。

この点でいえば、国家もまた、権力をなりたたせるあらゆる集団と同じように脱人格化されうる。

国家といえども結局のところは、人間のあいだのつながりによってできたひとつの集団にすぎない。もともと国家は、暴力の行使にむけて人びとを組織することによってできた集団が、他の人びとをその暴力によって圧倒し、従わせ、かれらの生産物から一部を持続的に収奪するようになったことで生まれてきた。すなわち、人格的な（personal）つながりによってできた集団が他の人びとに——それこそ人間同士の（personal）支配関係として——権力を行使する、というのが国家の原型なのだ。

しかしそれも国家のながい歴史のなかで脱人格化される。近代国家の歴史とは、はじめ君主が手にした主権がしだいに脱人格的なものになっていったプロセスにほかならない。現代において国家は人格的なつながりにもとづいた組織であることをやめ、役職と権限の体系によってくみたてられたひとつの機構となった。これにともない国家と民衆のあいだの支配関係も脱人格化される。つまり人間による人間の支配というエレメントが稀薄になるのだ。

いまの国民国家といわれる国家形態は、こうした脱人格化のプロセスを経ることではじめて可能となった。国民国家とは、国民となった住民全体が国家の主体となるような国家形態にほかならない。そこでは暴力を行使する側とされる側が——少なくとも理念上は——一致する。そうした一致は、国家をくみたてていた集団が脱人格化され、その集団と民衆との支配関係が脱人格化されなくてはけっしてなりたたないものである。

6　G・ドゥルーズ＋F・ガタリ『千のプラトー』宇野邦一他訳、河出書房新社、五〇〇頁ただし注意しよう。

国家の脱人格化は人間による人間の支配というエレメントを稀薄にするが、だからといってそれは、国家権力が消滅していくということを意味するわけではない。集団の脱人格化は権力そのものがみずからを安定的に維持するためになされてきた、ということを思いだそう。集団が脱人格化されても、そこで機能していた権力はそのまま残る。つまり脱人格化によって、国家のもとには、暴力にもとづいてカネが徴収され権力が行使されるという運動だけが残るのだ。

＊

以上のような脱人格化をつうじてあらわれる権力の実践の地平こそ、フーコーの権力論が問題とするものにほかならない。

フーコーは、国家や法といった枠組みから権力をとらえようとする発想を批判している。たとえばフーコーはこんなふうに述べている。

> 権力の関係における分析は、出発点にある与件として、国家の主権とか法の形態とか支配の総体的統一性を前提としてはならないのだ。[7]

権力といわれて国家権力を想定することは、くりかえしていえば、普通のことだ。それは理論的なレベルでも変わらない。しかしフーコーは国家や法といったものを、権力をとらえるための出発点にしてはならないという。なぜか。

これはしばしば間違えられるところなのだが、その理由はけっしてフーコーが、国家や法がすでに消滅してしまったと考えているからでもなければ、それらを虚構のものだと考えているからでもない。じじつフーコーは、「私は、法が消え去るとも、裁判の諸制度が消滅する傾向にあるとも言うつもりはない」[8]と述べている。さらにいえば、フーコー自身、法をつうじて行使される権力の源泉が暴力にあることも認めている。

法は武装しないでいることはあり得ないのであって、その武器の最たるものは死である。法を侵犯する者たちにたいして、法は、少なくとも最後の手段としては、この絶対的脅迫によって答える。法は常に剣を用いるのだ。[9]

では、なぜフーコーは権力をとらえるために国家や法から出発するやり方をしりぞけるのだろ

7　VS, p. 121, 邦訳一一九頁
8　VS, p. 190, 邦訳一八二頁
9　VS, p. 189, 邦訳一八一 - 一八二頁

うか。それは、国家が脱人格化してきたことと深くかかわっている。フーコーはいう。

> 結局のところ、時代と目標が異なっても、権力の表象は相変わらず王政のイメージに取り憑かれたままでいる。政治の思考と分析においては、人は相変わらず王の首を切り落としてはいないのだ。[10]

ただし早まらないようにしよう。フーコーは国家の脱人格化によってあらわれる権力の実践を問題にするとはいえ、それはフーコーが脱人格化した国家の運動を考察の対象にしているということではない。「人は相変わらず王の首を切り落としてはいない」といういまの文章につづけて、フーコーはこう述べている。

> そこから、権力の理論において、相変わらず、法律的権利と暴力の問題に、法と違法性の、意志と自由の、そしてとりわけ、国家と主権の問題に（主権が君主の人格においてではなく集団的存在において問われている場合でも）重要さが与えられるという事態が生じるのである。[11]

ここでフーコーが主張しているのは、たとえ国家の権力が脱人格化された集団的存在において問題になるとしても、それはみずからの権力分析の対象にはならない、ということである。すでに見たように、国家は脱人格化することで、暴力にもとづいてカネが徴収され権力が行使される非人称的な運動になる。法的権力が消え去るわけではないとフーコーが述べていたように、こうした運動そのものが消滅するとフーコーは考えていない。しかしそれはフーコーが問おうとする権力のあり方ではないのである。

フーコーが問おうとするのは、暴力を権力源泉とすることでこちら側の意志を貫徹するといった権力のあり方とはちがう権力のあり方だ。それはたとえば「一望監視方式《パノプティスム》」と呼ばれるもののなかに見いだされる。

一望監視方式というのは、〈見られることなく見る〉という監視の実践のことだ。フーコーはそれを『監獄の誕生』のなかで分析している。

いまでは監視カメラのような装置があるため、〈見られることなく見る〉という監視の実践は当たり前のものとなっている。が、もともとそれは監獄などで監視をするために、建築の構造をつうじて具体化されたものだ。そこでは中央にある監視塔のまわりに独房が配置され、独房には光が差しこむようになっているのにたいし、監視塔には光が入らないようになっている。つまり監視塔からは独房のなかの様子が一望できるが、独房からは逆光のため、監視塔に誰がいるのか、

10　VS, p. 117, 邦訳一一五頁
11　VS, p. 117, 邦訳一一五頁（強調引用者）

そもそも誰かがいて実際に監視をしているのかどうかさえわからない。

フーコーはこうした一望監視の装置を次のように説明している。

〈一望監視装置〉は、見る＝見られるという一対の事態を切離す機械仕掛であって、その円周状の建物の内部では人は完全に見られるが、けっして見るわけにはいかず、中央部の塔のなかからは人はいっさいを見るが、けっして見られはしないのである。

これは重要な装置だ、なぜならそれは権力を自動的なものにし、権力を没個人化するからである。その権力の原理は、或る人格のなかには存せず、身体・表面・光・視線などの慎重な配置のなかに、そして個々人が把握される関係をその内的機構が生み出すそうした仕掛のなかに存している。[12]

一望監視装置のもとでは、監視される側の人間は自分がいつ監視されているのかわからない。なので、いつ監視されてもいいように振る舞わなくてはならない。つまりそこでは、実際に監視がなされているかどうかにかかわらず監視の効果がもたらされるのであり、その効果は――実際に監視がなされていないときでも――監視される人間の側で自動的に再生産されるのである。

こうした権力の実践が脱人格化されたものであるということはわかりやすいだろう。いまの引用文のなかでフーコー自身、一望監視装置は権力を「没個人化する」ものであり、その権力の原理はなんらかの「人格のなかには存せず」と述べている。一望監視装置のもとでは、誰が監視塔にいようが、さらにいえば誰も監視塔にいなくても、権力の効果が保証される。

むしろポイントはさらにその先にある。というのも、一望監視方式をつうじて機能する権力は、国家をつうじて行使される権力とはその作動のあり方が異なるからだ。つまりその権力は、脱人格化されているということにとどまらず、さらに、暴力を権力源泉として特定の意志を貫徹するという図式とは根本的にちがった図式のもとで機能するのである。

もちろん、一望監視装置のもとで実践される権力は、暴力にもとづいた権力の実践がなければけっしてなりたたない。当たり前のことだが、監獄に誰かを閉じ込めるためには物理的力が必要であるし、また監視塔にアクセスできる人間を制限するのにも物理的力が必要である。しかし、そこでうみだされる自動化された監視の効果そのものは、けっして暴力という手段によってはもたらされえない。それをもたらすのは、フーコーの言葉をかりれば、「身体・表面・光・視線などの慎重な配置」であり、「個々人が把握される関係を生み出す仕掛」である。

これはとても重要なポイントだ。

フーコーが分析の対象とする権力は、ウェーバーが定式化したような権力とは機能の仕方が異なっている。それは、なんらかの権力源泉——かならずしも暴力でなくてもいい——にもとづい

12　SP, p. 203, 邦訳二〇四頁

て意志を貫徹する、といったあり方をもたない。そうではなく、身体をとりまくさまざまな要素の布置によって、そして人びとを特定の関係におくような機械仕掛によって、その権力は特定の効果をおよぼすのだ。

一望監視方式をつうじて実践される権力は、この点で「工学（テクノロジー）」的な作動形式をもつといえるだろう。身体のあいだに特定の作用関係を設定するような諸要素の配置や仕掛をつうじて、それは機能するからである。じじつフーコーは、『監獄の誕生』が分析する権力を「身体の政治的テクノロジー」[13]とよんでいる。

「身体の政治的テクノロジー」としての権力は、国家によって行使される権力とはまったく別の作動ロジックをもつ。フーコーが国家や法から出発して権力をとらえてはならないと考える理由は、まさにここにあるのである（念のために付言するなら、だからといってウェーバー的な権力の概念や、国家権力を問うこと自体がこれによって無効になるわけではない）。

*

支配の問題についても同じことがいえる。フーコーはけっして支配の問題が権力を思考するうえで取るに足らないもの、あるいは虚構のものだと主張しているのではない。そうではなく、支配を、暴力という権力源泉に由来するものとしてのみとらえることに異議を唱えているのである。フーコーはこう問いかけている。

何故、支配の諸々の装置を、禁止する法という手続きだけに重ねようとするのか。[14]

フーコーにとって支配の問題は、身体をめぐる工学的な仕掛をつうじて人びとのあいだに非対称な関係がつくりだされるという事態とむすびつけられなくてはならない。フーコーはいう、「支配の作用が産み出されるような力関係の場」[15]を分析しなくてはならない、と。一望監視方式でいえば、〈見られることなく見る〉者と〈見ることなく見られる〉者との非対称な関係が支配の作用をうみだすのである。

したがっていわゆる支配階級というのは、フーコーにおいては、非対称な関係のなかで権力の効果がうみだされる起点のポジションに位置する人間たちを意味することになる。たとえば一望監視方式では、〈見られることなく見る〉ポジションに——たんなる監視員の立場をこえて——位置し、その監視の実践をつうじて人びとの行為を管理できる人間たちのことだ。

フーコーはいう。

13　SP, p. 31, 邦訳三〇頁

14　VS, p. 113, 邦訳一一二頁

15　VS, p. 135, 邦訳一三二頁

要するに次の点を承認しなければならない、その権力〔つまりフーコーが『監獄の誕生』のなかで分析しようとする権力：引用者〕は、所有されるよりむしろ行使されるのであり、支配階級が獲得もしくは保持する《特権》ではなく支配階級が占める戦略的立場の総体的な効果である――被支配者の立場が表明し、時には送り返しもする効果であることを。[16]

フーコーにとって、支配階級はなんらかの権力源泉を保持しているから支配階級なのではない。そうではなく、身体のあいだに設定された非対称な作用関係のなかで、権力の効果がそこからうみだされるような「戦略的立場」に位置しているから支配階級なのである。そしてその権力の効果は、非対称な作用関係のなかでもう一方の立場におかれた「被支配者」たちによって表明される。ちょうど一望監視方式において、監視される人間が監視の効果をみずから再生産し、増殖させてしまうように。

同じことが脱人格化した国家についてもいえるだろう。

脱人格化した国家において支配階級となるのは、暴力を組織化することで他の人びとを支配する集団ではない。そうではなくそこでは、暴力にもとづいてカネが徴収され権力が行使されるという運動のどこに位置するかによって、その人間の階級性がきまってくる。このとき、権力の作用をもたらすのは、制度化された機構のもとで特定の権限をもつ人ともたない人とのあいだの非対称的な関係だ。

要するに、フーコーの分析する権力も、国家をつうじて行使される権力も、ともに脱人格化された形態のもとで支配の関係をつくりだすのである。ただし、くりかえすなら、これら二つの権力が作動する仕方は同じではない。脱人格化した国家のもとでは、制度化された権限などの権力源泉が権力の効果をもたらす。これにたいし、フーコーが分析する権力においては、身体をとりまく戦略的で工学的な仕掛が権力の効果をもたらす。

では、これら二つの権力はどのような関係にあるのだろうか。さいごにこの点について簡単に確認しておこう。フーコーは両者の関係について次のように述べている。

その上、われわれはそれ〔＝身体の政治的テクノロジー：引用者〕を一定の型の制度のなかにも国家管理の装置のなかにも位置づけるわけにはいくまい。これら制度と装置のほうがこのテクノロジーの助けをかりたのであって、そのテクノロジーの用いる諸方式を活用したり、それらに価値を付与したり、それらを強制する。しかしながら、そのテクノロジーじたいは機構と効力の点では、まったく別の水準に位置を占めているのである。[17]

16　SP, p. 31, 邦訳三一頁
17　SP, p. 31, 邦訳三〇頁

ここでは二つのことが述べられている。まず、国家の権力と「身体の政治的テクノロジー」としての権力は、それぞれ別の作動図式にもとづき、「まったく別の水準に位置を占めている」ということ。つぎに、にもかかわらず、両者は相互に補完しあっているということ。

一つ目の点はすでに論じたことなのでくりかえさない。二つ目の点をここではみていこう。一望監視装置のもとで実践される権力が、暴力にもとづいた権力の実践を支えにする、ということはすでに指摘した。この引用文でも、国家は「身体の政治的テクノロジー」を「強制する」と述べられている。「身体の政治的テクノロジー」が機能するためには、身体がその工学的な権力装置のもとにおかれなくてはならないが、最終的にはそれは強制力によってなされるほかない。

これと同じように、国家のほうもまた、「身体の政治的テクノロジー」に支えられ、それを「活用」する。

暴力を実際にもちいるというのは、あらゆる集団や個人にとってリスクのあることだ。それは、合法的に暴力をもちいる権限をもっている国家にとっても変わらない。とりわけ脱人格化した国家にとってはそうである。なぜなら、脱人格化した国家は、国家と民衆のあいだにあった支配のエレメントを希薄化することで、みずからの権力を安定化させているからである。そこでは国家の暴力性は——社会の安寧をまもるためにやむなく暴力が行使されるというかたちで——極力背後にしりぞけられなくてはならない。

国家が「身体の政治的テクノロジー」を活用する利点がここにある。そのテクノロジーは、身体のあいだに特定の作用関係を設定するようなさまざまな仕掛をつうじて身体の行為を制御することを可能にする。そうしたテクノロジーを活用することで、国家は直接暴力に訴えなくても人びとの行為を管理できるようになるのだ。これによって国家の脱人格化はいっそうおしすすめられ、その権力はより安定化されるだろう。

脱人格化されることで、国家は、暴力にもとづいてカネが徴収され権力が行使されるという非人称的な運動へと生成する。フーコーが分析する権力は、その運動が展開される、工学《テクノロジー》的で戦略的な地平をくみたてるのである。

状況1

テロリズムと主権国家の例外

死の恐怖と政治的なもの

いまフランスでもっとも使われている日本語のひとつに「カミカゼ」がある（正確にはkamikazeをフランス語読みして「カミカズ」と発音する）。

いわゆる「自爆テロ」を指すための言葉だ。

言うまでもなく、それは太平洋戦争における日本軍の神風特攻隊から来ている。しかし、この「カミカゼ」という言葉は、いまではほとんどの場合イスラム主義者による自爆テロにたいして用いられるため、それをアラビア語だと思っているフランス人がけっこうおおい。「ジハード（聖戦）」と同じようにイスラム法に書き込まれている言葉だろう、というわけだ。

戦いにおけるもっとも「日本的なもの」を表わすはずだった言葉が、いとも簡単にべつの文脈へと移植されてしまう――しかもその起源まで間違われて――という事態がそこにはある。脱構築的にいえば「散種」ということになるのだろうか。

いまや「カミカゼ」という言葉は、もともとの「精神」から切りはなされて「世界化（mondialisation＝グローバル化）」されつつある。そこでは、死を恐れないファナティックな行動という意味合いだけが一人歩きし、それが、イスラム原理主義による宗教的狂信といったイメージとかさね合わされているのだ。

問題は、自爆テロに付与されている「死を恐れない」という表象である。なぜかといえば、近代の政治思想にとって、「死の恐怖」とは権力機構がなりたつための基本的な原理をなすからである。

たとえばホッブズを見てみよう。

ホッブズは、主権国家の成立を社会契約というロジックによって基礎づけた思想家として知られている。その理論は、近代のそれ以降の政治思想にとってひとつの基本的な枠組みとなった。そこでは、死の恐怖こそが主権をなりたたせるモーターとして考えられている。つまり、人びとは死にたいする恐怖にかられて他者との服従関係に入るのである。

ホッブズによれば、コモン‐ウェルス（主権国家）が形成される方法は二つある。設立によるものと獲得によるものだ。

設立によるコモン－ウェルスの形成というのは、人びとがたがいに同意しあい共通の権力をうちたてるという事態をさしている。つまり、人びとがたがいに信約をあたえ、共通の権力に従うことを申し合わせるのである。一般に社会契約論として知られているのは、この方法だろう。

これにたいして獲得によるコモン－ウェルスの成立は、力によって相手を屈服させることで主権が獲得されるという事態をさす。つまり、個人なり集団なりが暴力によって人びとをおどし、「殺さないでおく」かわりに服従を約束させるという事態である。

注目したいのは、ホッブズがこれら二つの方法を実質的には同じことであると考えているということだ。「主権の諸権利と諸帰結は、両者においてひとしい」[1]。

なぜ同じことなのかといえば、両者とも、恐怖をモーターとして主権が確立されるからである。獲得によるコモン－ウェルスが恐怖に立脚しているというのはわかりやすいだろう。そこでは暴力によるおどしが服従への動機づけになっているからだ。

では、設立によるコモン－ウェルスのほうはどのような恐怖のうえになりたっているのだろうか。各人相互のあいだの恐怖である、とホッブズはいう。

つまり、共通権力のないところ（自然状態）では、各人の行為を罰する上位の審級が存在しないため、各人は他者にどのような行為でもなすことができるし、また、いつ襲ってくるかもわか

1　トマス・ホッブズ『リヴァイアサン』（二）水田洋訳、岩波文庫、七一頁

らない他者のためにつねに怯えなくてはならない。「各人の各人に対する戦争」[2]という有名なホッブズの言葉がここから生まれてくるのであるが、要するにそこでは各人相互の「継続的な恐怖と暴力による死の危険」[3]が存在するのであり、その恐怖と死の危険を回避するためにこそ上位の共通権力がうちたてられるのである。

ホッブズは、獲得による主権を設立による主権に対比させて、つぎのように述べている。

そして、この種の支配または主権は、設立による主権と、ただつぎの点でことなる。すなわち、自分たちの主権者をえらぶ人びとは、相互の恐怖によってそうするのであって、かれらが設立するその人に対する恐怖によってではないのだが、いまのばあいには、かれらは、自分たちがおそれるその人に、臣従するのである。どちらのばあいにも、かれらはそれを恐怖のためにおこなうのであって、このことは、死や暴力への恐怖から生じるすべての信約を無効とみなす人々によって、注目されるべきである。かれらのみかたが、もしほんとうならば、どんな種類のコモン－ウェルスにおいても、だれも従順を義務づけられえないであろう。[4]

ホッブズが反対するのは、恐怖にもとづいてなされた約束（信約）を無効とみなす考えである。というのも、恐怖にもとづかないならばいかなる約束も服従も確実なものとはならないからだ。〈恐怖によって強制された契約は無効である〉という考えが効力をもつのは、あくまでも、恐怖にもとづいた服従が主権を構成するかぎりにおいて、そしてその主権の権力を背景としてのみ、だ。

死の恐怖とは普遍的な感情であり、その恐怖から逃れようとする衝動は、したがって、権力の最終審級、つまり主権をうちたてる普遍的なモーターとなる。この場合、恐怖が人びとのあいだの相互的なものであろうと、主権者となる強者へのものであろうと、恐怖が主権の基盤であることには変わりない。ホッブズが主張しているのはそうしたことだ。

なぜ暴力があらゆる国家にとって共通の手段となっているのか、その理由がここにある。じじつ暴力は、人びとに恐怖をあたえて服従の約束をさせることもできるし、また、人びとの相互的な争いを抑えてかれらを相互の恐怖から逃れさせることもできる。

こうした恐怖と権力機構とのつながりは、ヘーゲルにおいても見いだされるだろう。

ヘーゲルは『精神現象学』のなかで、支配と隷従の関係がどのように制度化されるのかを考察している。「自己意識」の章で展開された、いわゆる〈承認をめぐる闘争〉についての考察がそれだ。そこで問われているのは、権力機構が成立するための最初の契機にほかならない。死の恐

2　『リヴァイアサン』(一)、二一〇頁
3　『リヴァイアサン』(一)、二一一頁
4　『リヴァイアサン』(二)、七〇頁

怖はその最初の契機をくみたてる。

ヘーゲルによれば、主人と隷従者のあいだの支配関係がうまれるのは、「生死を賭けたたたかい」をつうじてである。その闘争のなかで、死の恐怖にたじろいで、相手への服従と引きかえにみずからの生命の保全をはかるものが隷従者となる。反対に、死の恐怖にうちかち、みずからの価値を相手に承認させることができたものが主人となる。

つまりそこでは、不平等な主従関係が死の恐怖を契機として設立されるのだ。その主従関係の成立は、『精神現象学』において、人倫の完成へとむかう政治共同体の発展プロセスの端緒に位置している。つまり死の恐怖こそが、国家形成の運動を始動させるのである。

「自爆テロ」にもどろう。

自爆テロが近代の政治思想にとって異例なのは、その行為者が死をも辞さぬかたちで前進し、そのまま死んでしまうからである。そこでは行為者が死を恐れない以上、ホッブズが想定したような主権の形成プロセスは機能しない。またそこでは、死の恐怖にうちかつことがそのまま死をむかえることになるので、その行為者はヘーゲルにおけるような支配関係の主人にもなりようがない（逆にいえば、ヘーゲルの〈承認をめぐる闘争〉において主人となる者とは、自分が実際には死なない程度に死を賭けた闘争をし、勝つことができた者にほかならない）。

どちらにせよ自爆テロは、政治的な権力関係が構成される契機そのものを破壊してしまう。文字通りそれは、近代の政治思想にとって「テロル（＝恐るべきもの）」としてあらわれるのである。

とはいえここから、自爆テロは近代的なあらゆる政治システムの外部に位置すると結論づけることはできないだろう。それはあまりにも早計だ。なぜなら、自爆テロはけっして無軌道で単独的な暴力行為といったものではないからである。それはなんらかの集団的な決定機構に属しており、特定の状況のなかで、特定の政治的要求を掲げたり、特定の政治的効果をねらっている。あくまでもそれはひとつの政治手段だ。むしろ問題なのは、自爆テロに代表されるようなイスラム主義者の実力行使が、ファナティックで馴致不可能な暴力行為として必要以上に表象されていることである。その表象はまさに、自爆テロが「死を恐れない（ようにみえる）」という点に立脚している。

しかし自爆テロという行為そのものは、けっして理解不可能な外部ではない。それは解析可能な諸要素からできている。たとえば、死ぬことが永遠の生を獲得することになるような殉教のシステム、みずからの死が同胞の生命を救うことにつながるような自己犠牲の形態（自爆テロを遂行することで自分の家族に年金が支払われるといった制度もここには含まれる）、みずからの生命を賭けて抵抗せざるをえないほど圧倒的に追い詰められた状況、敵にたいする極度の憎しみ、といった要素だ。これらの要素はすべて、近代の政治システムのなかにも見いだされるものである。

したがって問われるべきは、近代的な政治システムの外部としてイスラム主義者の自爆テロを

5　G・W・F・ヘーゲル『精神現象学』長谷川宏訳、作品社、一三三頁

表象すること自体が、どのような政治的状況や戦略とむすびついているかということである。理解不可能で交渉不可能な異物といった表象は、その異物を敵として名指そうとする側にとってこそ意味のあるイメージにほかならない。

テロと例外状態

一九七七年のこと。フーコーはクラウス・クロワッサンというドイツ人弁護士の救援活動をおこなっていた。クロワッサンはドイツ赤軍幹部アンドレアス・バーダーらの弁護士をしており、当時、西ドイツ当局から告訴され、職務を禁止されていた。告訴理由は、ドイツ赤軍の弁護活動をつうじてかれらのテロ行為と共犯関係をもったというものだ。クロワッサンはフランスに亡命し政治的庇護を要求する。が、フランスの司法当局は西ドイツ政府にクロワッサンの身柄を送還することを決定する。フーコーの救援活動は、その送還に抗議するというかたちで展開されていた。

その救援活動をつうじてフーコーが対峙したのは、テロにたいしてはどのような超法規的な措置をとってもいいという権力のロジックだ。つまり、テロリストやその関係者を取り締まるためには法を無視してもかまわない、というロジックである。その法を超えた権力行使を正当化するのがセキュリティの概念にほかならない。フーコーは、なぜクロワッサンの送還をフランス政府が強硬な態度で実行したのかについて、つぎのように述べている。

世論は恐れるに足らない、もしくは、メディアによって条件づけられていると権力側はみなしたわけです。しかも、真っ向から衝突してくる〔権力側の：引用者〕こうした意志は、権力側が何年も前から煽ってきた恐怖をめぐる駆け引きの一部をなしています。公共のセキュリティをめぐるキャンペーン全体は——それが説得力をもち政治的に成果をもたらすものとなるためには——政府が合法性の枠をこえて迅速かつ強力に行動してもよいということを示すような華々しい措置によって支えられなくてはなりません。今後は、セキュリティが法を凌駕します。権力側が示したかったのは、法律的な手段では市民を守ることはできないということなのです。[6]

公共のセキュリティを守るためには法律の枠内で行動するだけでは不十分である。このように権力がキャンペーンをはるとき、「テロリスト」はそのセキュリティをおびやかす敵として格好のターゲットとなる。テロの恐怖を煽ることで権力は法を凌駕していくのだ。

このとき、〈日常生活にまぎれて日常生活のただなかに非安全《アンセキュリテ》をもちこむテロリスト〉という

6　DE, III, p. 367, 邦訳第六巻五一〇頁（強調引用者）

イメージは、この〈法を超える権力〉が社会のすみずみへと自然なかたちで浸透するために、積極的に活用されるだろう。

フーコーはいう。

セキュリティを保証する国家というのは、特異な、例外的な出来事によって日常生活の骨組みに亀裂がはしるようなあらゆる場合に介入しなくてはならない国家のことです。そのとたん、法律はもう適用されなくなります。そのとたん、そうした種類の介入がまさに必要になってきます。しかも、そうした介入がもっている例外的な、超‐法規的な性格は、けっして専制主義や権力の乱用といったものの徴候としてあらわれてはならず、反対に気遣いの徴候としてあらわれなくてはなりません。[7]

国家権力のこうした「例外的な、超‐法規的な性格」が「気遣いの徴候として」自然化される事態は、自爆テロのイメージによって極限までおしすすめられるだろう。というのも、自爆テロじたいが、法によって構成された政治システムの「例外」として表象されるからだ。自爆テロの実行者は、死を恐れないがゆえに、法をつうじた措置や交渉の対象にはなりえないというわけである。自爆テロの「例外性」を契機として、権力の例外状態がノーマルなものとして組織されるのだ。

現在、アメリカ合衆国が中心となっておしすすめている「テロとの戦い」の政治的効果とは、この例外状態の常態化にほかならない。

アガンベンはいう。

　例外状態とは、法権利が法権利自体を宙吊りにすることで生きもの〔としての人間〕を法権利のなかへと包含する、という独創的な構造ですが、この構造がもつ根本的な意味は、二〇〇一年一一月一三日にアメリカ合衆国大統領が発布した「軍事命令」によって、きわめてはっきりとしたものになりました。それは、テロ活動をしている疑いのある「非市民」を特別の裁判にかける、というもので、その特別な裁判は、被疑者の「無制限の拘禁」や軍事委員会への身柄引渡しを含むものでした。……〔こうした：引用者〕ブッシュ大統領の命令の新しいところは、当該の個人の法的立場を根こそぎ消し去ってしまい、それによって、法権利の分類することも名づけることもできないような実体を産み出す、というところにありました。アフガニスタンで捕らえられたタリバンたちは、ジュネーヴ条約で定められている戦犯という立場を享受できない、というだけではありません。彼らは、アメリカ合衆国の法律によって定められているいかなる被疑者の立場にもあてはまらないのです。囚人でも被告で

7　DE, III, p. 385, 邦訳第六巻五三六－五三七頁

もなく「単なる拘禁者」である彼らは、事実上の純粋な主権に従い、時間的な意味で無制限だというのみならず本性上も無制限であるような拘禁に従うのです。というのも、この拘禁は法を完全に逃れ、いかなる形のものであれ司法上の制御というものを完全に外れているからです。グアンタナモの「拘禁者」によって、剝き出しの生は、その最も極端な不分明さへとたどりつくのです。[8]

周知のとおり、キューバのグアンタナモ米軍基地で拘禁されているタリバンのメンバーらは、「テロリスト」だという理由で、戦争捕虜の待遇を定めたジュネーヴ条約の適用をうけていない(アメリカ合衆国大統領自身が「9・11」の同時テロを「これは戦争だ」と規定したにもかかわらず)。また、テロリストは通常の犯罪者でもないという理由で、被疑者としての法的立場も適用されない。例外状態において超法規的な権力の対象となる「剝き出しの生」が、同時に生‐政治の対象でもあるというアガンベンのテーゼがどこまで妥当かという問題はここではおいておこう。重要なのは、テロリズムという形象をつうじて、「法を完全に逃れ、司法上の制御というものを完全に外れた」権力の実践がうみだされるということであり、その権力実践があたかもノーマルで必要なものとしてあらわれるということである。アガンベンはそのノーマル化を「例外状態が規則になる」[9]こととして概念化している。

こうしたテロリズムと法停止状態とのむすびつきは、テロリズムがはじめて政治的な語彙となったときからすでに見いだされるものだ。この点は確認しておいてもいいだろう。一七九八年にアカデミー・フランセーズがテロリズムを「恐怖のシステム、体制」としてはじめて定義したとき、そこではフランス革命政府による恐怖政治が念頭におかれていた。つまりテロリズムはもともと、支配する側が統治の手段としてもちいるものだったのである。その恐怖政治においては、証人と弁護人をつける権利が被告人から剥奪され、裁判所には——法的な理由ではなく——道義的な理由によって死刑判決をくだす権限があたえられた。[10]

法を超えて統治権力が暴力を行使するという、このテロリズムのあり方は、それ以降、国家の行動におけるひとつの範例となった。テロリズムの歴史において、国家が法を外れておこなうテロリズムほど大規模で深刻なものはなかった。それは現在でも変わらない。イスラエルがパレスチナで、ロシアがチェチェンで、アメリカ合衆国が世界中で無法状態を創出しつつ行使する国家暴力こそ、テロリズムの歴史にもっとも忠実なものだ。その歴史からみれば、国家が政治的な敵をテロリストと名指しながら、例外状態を常態化しようとする現在の状況は、アイロニーでしかない。

8　ジョルジョ・アガンベン「例外状態」高桑和巳訳、『現代思想』二〇〇四年八月号、一四三‐一四四頁
9　「例外状態」『現代思想』二〇〇四年八月号、一五〇頁
10　チャールズ・タウンゼンド『テロリズム』宮坂直史訳、岩波書店、四六‐四八頁、参照

「帝国的」覇権

キューバのグアンタナモ収容所は、アガンベンが言うように、こんにちの例外状態における典型的な形象をなしている。ここで問いたいのは、その収容所がもっている歴史的・戦略的な文脈だ。つまり、現在の例外状態がまさにグアンタナモ米海軍基地において生じているという事態は、どのような地政学的状況に相関しているのだろうか。

この米軍基地の設置は、一八九八年の米西戦争にさかのぼる。この戦争は、スペイン領キューバの独立をめぐってアメリカとスペインのあいだでなされた。勝利したアメリカは、それによってキューバの管理権を手に入れる。その後キューバは独立を果たすが、その見返りとしてアメリカにたいして租借を認めた。

こうしてキューバにグアンタナモ米軍基地がつくられることになったのだが、重要なのはこの戦争がもたらした状況的な帰結である。

しばしば米西戦争は、アメリカがヨーロッパ帝国主義による植民地獲得競争に加わった端緒として位置づけられる。というのも、その戦争はアメリカが独立戦争以来はじめてヨーロッパの国とたたかった戦争であり、その勝利によってアメリカは植民地（フィリピン、プエルトリコ、グアム）を獲得したからである。

しかしこの見方はそれほど適切ではない。なぜなら、アメリカはその後、植民地獲得という路線を踏襲することはなかったからだ。

むしろ米西戦争は、ヨーロッパの植民地主義とは異なる覇権原理をアメリカが西半球で確立した出来事として考えられなくてはならない。じじつアメリカは、米西戦争以降、アメリカ大陸を支配するために――それらの地域を植民地化するのではなく――中南米諸国に自由に軍事介入するという戦略を基本的な原理とした。つまり米西戦争は、アメリカがヨーロッパ的な古い植民地主義の桎梏をアメリカ大陸からとりはらった戦争として位置づけられるべきなのである。

では、西半球でアメリカが確立した覇権原理とはどのようなものか。その原理とは、当該地域の独立、つまり領土主権をいったんみとめたうえで、その領土主権を空洞化することによってその地域への支配力を確保するというものだ。

領土主権を空洞化する手段はおもに二つある。軍事介入によってその国の統治体制をアメリカ寄りのものへとつくりかえること、そして、アメリカがコントロールしうる経済的な広域権力をその領土主権の上位に設定することだ。[11]

こうした覇権原理は、領土主権を――建前的にせよ――みとめるという点で植民地主義的な覇権原理とは異なっている。植民地主義的な覇権は、領土主権をみとめず、領土を併合することによって当該地域への支配を確保するからだ。つまり米国の戦略には、植民地獲得にもとづいたヨーロッパの帝国主義的覇権に対比させて、「帝国的」と呼ぶことができるような覇権原理が見いだされるのである。

ここで注意すべきは、アメリカが立脚する帝国的な覇権は、近代の主権国家システムからみると異質なものであるということだ。

帝国的な覇権は他国の領土主権をみとめて、植民地支配をしない。しかしだからといって、それを、主権国家体制を体現するものとして考えてはならない。というのも、主権国家体制とは統治権と領土との一体性にもとづくシステムであるが、帝国的な覇権はその主権‐領土的な枠組みを無効化していくような覇権であるからだ。

逆に、植民地支配にもとづく帝国主義的覇権の方こそが、主権国家システムの延長線上にある。というのもそれは、ある地域の支配権を獲得するには領土も併合しなくてはならないとする覇権原理であるからだ。つまり植民地支配にもとづく帝国主義は領土的なのである。これにたいし、領土の獲得によらずに支配力を発揮しようとする帝国的な覇権は「脱領土的」であるといえる。

このようなアメリカの帝国的な覇権を西半球に確立したという点で、米西戦争の勝利は、こんにちの状況の原点となっている。それ以前からアメリカは、ラテンアメリカへのヨーロッパ諸国の干渉に反対し、ヨーロッパとアメリカの相互不干渉を外交上の基本的な原則としていた。いわゆるモンロー主義である。米西戦争の勝利は、そのモンロー主義を現実のものとし、アメリカ大陸において米国がヨーロッパからの干渉なしに唯一の強国として行動することを可能にしたのである。

西半球においてアメリカが唯一の圧倒的な強国として覇権をふるう。この「唯一の」という点も、アメリカの覇権原理が、ヨーロッパの主権国家システムをなりたたせている原理とは異なっているところだ。

というのも、ヨーロッパの主権国家間関係の基礎にあるのは、勢力均衡の原理であるからだ。そこではヨーロッパ諸国のあいだの勢力バランスが国際的な秩序を創出し、維持する。植民地獲得による世界の分割とは、そうした勢力バランスがヨーロッパの外部へと投影されたものにほかならない。そこにあるのは、ヨーロッパ諸国がたがいを対等なプレイヤーとして承認しつつヨーロッパの外で領土獲得競争をくりひろげるという図式だ。

これにたいし西半球では、国家間の秩序を維持するのはアメリカの圧倒的で超越的な力だ。米国はアメリカ大陸においてみずからと拮抗するような国家（あるいは国家群）をもたない。そこではアメリカ一国とそれ以外のあいだの非対称性こそが、地政学的な秩序形式をなすのである。

カール・シュミットが『大地のノモス』で述べているように、もともとヨーロッパとアメリカ

11　カール・シュミットは後者の手段について次のように述べている。

「領土主権の外面的で空洞化されたラウムは不可侵のままであるが、この主権の実質的な内容は、コントロールを行なう強国が経済的な広域を確保することによって変えられる。かくして、国際法的干渉条約の現代的タイプが成立するのである。」（カール・シュミット『大地のノモス』（下）新田邦夫訳、福村出版、三五四頁）

大陸は友誼線によって区別されていた。その区別は当初、ヨーロッパ公法が支配する主権国家システムの内と、主権が認められていない植民地化可能な地域である外、という違いに重なっていた。しかし米国の存在によって、二つの大陸を隔てる区別は、主権国家システムとは異なる国際関係システムが築かれる圏域をさししめすものとなったのである。

その別種の国際関係システムを築いた米国においては、政治と宗教の関係もヨーロッパの主権国家とは異なっていた。

じじつ、アメリカの国家建設を担ったのは、ヨーロッパにおける主権国家の成立プロセスから逃げてきた人びとである。近代ヨーロッパの主権国家は、政治的なものが宗教から分離し、世俗化することで形成されてきた。政教分離にもとづいた世俗的な国家が主権国家システムの単位となるのである。これにたいし、北アメリカに移住してきた初期ピューリタンらは、その主権国家体制の外に、「信仰の自由」を実現してくれる新しい天地をもとめてやってきた。

かれらにとって信仰の自由とは、まさに主権国家体制をもたらした政教分離を逃れたところに見いだされるべきものだった。つまり政教一致こそがそこでの信仰の自由なのである。だからこそ、メイフラワー号に乗って北アメリカにやってきたピルグリム・ファーザーズは、そこに神の国をつくろうとし、聖書に書かれているとおりに裁判をおこなったのである。

こうしたキリスト教原理主義は、北アメリカにおける国家建設のひとつの原動力となっている。そこにあるのは、近代の主権国家体制を否定し、政治の世俗化に抗い、近代以前の（帝国的な）

政治システムへと回帰するようなモメントにほかならない。

そのモメントは、のちに確立されてくる、西半球でのアメリカの圧倒的な軍事的優位性とむすびつく。つまりアメリカの帝国的な覇権には、中世的といっていいキリスト教的テオクラシー（神権政治）に由来する道徳的使命論が伏流しているのだ。そこでは、軍事的な優位性と道徳的な卓越性とが相互に補完しあう構造がくみたてられる。いわば、近代的な主権国家システムを超える覇権原理と、そのシステム以前へと回帰する政治神学とが、ともにひとつの帝国へと結晶化するのである。

主権国家システムの例外

グアンタナモ米軍基地は、まさにこうしたアメリカの帝国的覇権の確立を象徴する施設にほかならない。

ただし米西戦争の時点では、その覇権はいまだアメリカ大陸の域内にとどまっていた。二つの世界大戦への参戦によって、米国の覇権は徐々にアメリカ大陸の範囲を超え、ヨーロッパの主権国家システムを凌駕するようになる。しかし、世界化しようとしたとたん、アメリカの帝国的覇権は、その軍事力に拮抗するもうひとつの覇権に対峙しなくてはならなくなった。ソ連である。

冷戦において、アメリカの帝国的覇権ははじめて勢力均衡による相互抑止に直面した。それによってアメリカは唯一の軍事的強国ではなくなり、ソ連との勢力バランスによって秩序の維持を模索せざるをえなくなった。帝国的なふるまいは影をひそめ（自由主義ブロックのなかでは相変わらず帝国的覇権を追求していたが）、またテオクラシー的な発想も、社会主義に対抗しうる社会福祉体制の構築などをめざした世俗的な政策プログラムに置き換えられた。

しかし冷戦もやがて終息する。ソ連の崩壊によってもたらされたのは、アメリカへの軍事力の一極集中にほかならない。アメリカはふたたび、圧倒的な唯一の軍事的強国として君臨することになる。それも今度は世界規模においてだ。

現在アメリカの軍事費は世界のなかでも突出しており、アメリカ以外の上位一〇カ国の軍事費を足してもアメリカ一国のそれには及ばない。アメリカとそれ以外の国々との力関係は、完全に非対称的だ。アメリカは帝国的な立場をとりもどした。それによってアメリカは「世界の警察」として、世界のいたるところへ一方的に軍事介入したり予防的先制攻撃をしかけたりすることができるようになった。と同時に、テオクラシー的な政治神学もふたたび顕在化してきたのである。アメリカは、現在の主権国家システムにおける「例外」である。アメリカの帝国的覇権にとって、主権国家のあいだの勢力バランスをつうじた世界秩序の維持といったものは、乗り越えるべき古い政治システムでしかない。

じじつ、国際的な世論の反対をおしきってイラク戦争を準備する過程で、ラムズフェルド国防長官（当時）は、近代の主権国家システムの基礎となったウェストファリア条約を過去の遺物として批判していた。また、ブッシュ政権のイデオローグのひとりであるロバート・ケーガンは、カント的ヨーロッパとホッブズ的アメリカとを対比させているが、[12] それもまた、アメリカが世界の「リヴァイアサン」として、主権国家間の勢力バランスを超えた覇権を担うことへのマニフェストにほかならない。

グアンタナモ米軍基地は、こうしたアメリカの帝国的な覇権がさいしょの一歩を踏みだしたことの象徴であった。まさにそのグアンタナモで、現在、例外状態がうみだされているということには、たんなる偶然以上の意味がある。その例外状態が自然化されているのは、「テロリスト」という、まさに近代の主権国家体制の外部に位置するものとして表象された存在をつうじてだ。そこでは、アメリカの帝国的例外性が、もうひとつの「例外性」を契機とすることで、主権的な法システムの停止状態をもたらしているのである。

「テロとの戦い」とは圧倒的に非対称な戦いだ。そこでは、超越的な軍事力をもった「世界の警察」が、主権国家より下位の集団にたいして戦いを挑んでいる。

シュミットによれば、勢力均衡のロジックにもとづく主権国家間の戦争においては、対戦相手はたがいに対等な政治的プレイヤーとみなされる。つまり、そこでの敵対関係は相対的だ。これにたいして、パルチザンや内戦などの非対称的な戦争においては、絶対的な敵対関係が出

12　ロバート・ケーガン『ネオコンの論理――アメリカ新保守主義の世界戦略』山岡洋一訳、光文社、参照

現し、敵は道徳的に悪魔化される。

「テロとの戦い」は、この絶対的な敵対関係を世界的な規模で現出させるだろう。このとき、テロリストという絶対的な敵は、帝国的覇権をささえるキリスト教原理主義によって悪魔化される。その悪魔化にとってイスラム原理主義のイメージはとても都合がいい。主権国家システムをこえて行動するために、アメリカの帝国的覇権は、もうひとつの宗教的原理主義をみずからの鏡像として追い求めるのである。

構造改革をつうじた権力の再編成
——新しい利権の回路と暴力の図式——

構造改革と新しい利権のかたち

「構造改革」といえば、まっさきに連想されるのが民営化と規制緩和だ。これらの政策は、民間の活力をうばうような国家の介入をできるだけ減らしたり、国家の庇護のもとで非効率になっている公的部門を市場原理にさらすことで効率化したり、といったことをめざしている。そこからうまれてきたのが、構造改革は国家の権力を縮小させるものである、というイメージだ。実際、構造改革の担い手たち自身が、「小さな政府」をそのスローガンに掲げてきた。

しかし、小泉政権による一連の構造改革がおわって露呈したのは、そうしたイメージがまったく的はずれなものであったということである。いまどき、構造改革は国家権力を縮小させるものだと考える人がいたら、それはとんでもなくナイーヴな発想のもち主でしかない。

小泉首相はポピュリズムを背景に官邸の権力を強化したといわれる。たしかにそうなのだが、しかしここで問題にしたいのは、より構造的な側面のほうである。

たとえば構造改革は権力と利権のむすびつきを、これまでとはちがう仕方で強化した。このことは民営化についても規制緩和についてもあてはまる。

小泉首相の諮問によって内閣府に設置された規制改革・民間開放推進会議をとりあげよう。その会議の議長はオリックス株式会社の宮内義彦会長がつとめてきたが、宮内議長はそこで、自分の会社のビジネスチャンスをひろげ、その利益をあげてくれるような規制緩和をつぎつぎと打ち出した。規制緩和とは市場をめぐるルールの変更のことである。そのルール変更をつかさどる権力をもった人間が同時にそのルールのもとでカネを稼ぐプレイヤーでもある、という不公正な利権の構造が、構造改革の名のもとでつくられた。

民営化についていえば、小泉政権になってから役人の天下りが増加したということがその本質をよくあらわしている。数多くの独立行政法人化がその恰好の回路となった。国立大学の独立行政法人化もそのひとつだ。「官から民へ」権限を移行させるはずの民営化が、じつは役人たちの利権確保の手段となっているのである。

郵政民営化を例にとろう。もともと郵政民営化は、郵貯・簡保にあつまったカネが財政投融資をつうじて特殊法人にながれ、採算のあわない公共事業のためにムダにつかわれていることを止めさせるために必要だとされた。政治家・官僚・業界のおおきな利権のためにムダな公共事業がおこなわれるという構造を解体するという名目だ。

しかしフタを開けてみると、郵貯・簡保にあつまったカネが同じようにつかわれる構造はそのまま残った。むしろ民営化されることで、そのカネのつかわれ方が議会などによってチェックされなくなる可能性がでてきた。

その一方で、天下りの回路は拡大した。郵政民営化にもっとも抵抗したはずの旧郵政省（現総務省）の官僚たちは、結局のところ天下り先を確保するための条件闘争をくりひろげたにすぎなかったし、「財務省が郵政民営化を認めないならば消費税を上げさせない」と小泉首相にいわれていた財務省も、消費税率アップのために、そして自分たちの天下りのためにむしろ郵政民営化を歓迎した。

じじつ、郵政民営化後に郵貯と簡保の業務をひきつぐ二つの金融機関（郵便貯金銀行と郵便保険会社）の監督官庁は、総務省から金融庁へと移行する。これは、金融庁の親にあたる財務省からすれば、みずからの天下り先が拡大するということを意味するだろう。なにしろこれら二つの金融機関は資金規模で世界最大となる会社だ。天下り先としておいしくないわけがない。

このことは、民営化によって設立された日本郵政株式会社の人事をみればよくわかるだろう。民営化されたあと、郵便局は四つの事業会社に分割されるが、それらの持株会社である日本郵政株式会社の人事には、高木祥吉・前金融庁長官や、旧郵政省出身の團宏明・日本郵政公社副総裁が代表取締役（副社長）として就任した。構造改革によってすすめられた民営化とは、これまでの権力と利権のむすびつきを再構造化するひとつの方策なのである。

戦争の民営化

民営化と国家の関係をより広い文脈のなかでとらえるために、ここで「戦争の民営化」とよばれる事態をとりあげよう。

戦争の民営化がひろく話題にされるようになったのは、イラク戦争につづく占領政策でアメリカ軍がさまざまな軍事業務（物資補給、要人・重要施設の警護、イラク軍・警察の訓練、諜報活動など）を民間企業に委託していたことからだった。

戦争の民営化はしばしば究極的な民営化だといわれる。国家権力の究極的な発露である戦争を民間企業が肩代わりしていくことをそれは意味するからだ。では、なぜ国家はその究極的な権力の発露を民間企業に外部委託するようになってきたのだろうか。

いくつかの理由がある。

まずいえるのは、外部委託される軍事業務が公共事業としての性格をもっており、政治家や官僚はそれによって政治献金や天下りといった利権を手にすることができる、という理由だ。イラクにおける復興事業を独占的に受注したハリバートン社がその典型例である。ハリバートンは、ブッシュ（ジュニア）政権のチェイニー副大統領が一九九五年から二〇〇〇年まで最高経営責任者（CEO）をしていた企業だ。その縁故がハリバートンに有利な状況をつくりだした。

チェイニーは父のほうのブッシュ政権のもとで国防長官をしていたとき、ハリバートンに、米軍の通常業務のなかでなにをどれぐらい民間委託することができるのかについて調査を依頼している。[1] そして国防長官をやめたあと、チェイニーはハリバートンに天下りしたというわけだ。ここには、民営化が天下りの回路をつくりだすという日本の構造改革とおなじ図式がある。実際、それを機に、戦争の民営化をおしすすめる動きがアメリカ政府内のおおきなトレンドとなっていった。

とはいえこれだけが戦争の民営化の理由ではない。その背景には冷戦の終結と、軍事のハイテク化をもたらした技術革新がある。

冷戦の終結は、世界が東西ふたつの陣営にわかれて戦争をするという世界戦争への負担から各国を解放した。それにともない多くの軍事大国では正規軍の人員削減がなされた。アメリカも例外ではない。一九九一年以降、アメリカは三割ほど正規軍の人員を削減したといわれている。その削減によってできた不足分を民間への外部委託によって補おうとしたのが、戦争の民営化にほ

1　本山美彦『民営化される戦争――21世紀の民族紛争と企業』ナカニシヤ出版、二〇〇四年、二六頁、参照

かならない。とりわけ、占領下での治安管理が難航しているイラクでは、その不足が決定的なものとなった。

アメリカはまた、正規軍の人員削減を軍事のハイテク化によって補おうとしたが、これも民間軍事企業への依存を強めることになった。軍備があまりにハイテク化したために、民間の専門技術者の指導をうけなければ、現場の兵士たちは武器の操作もメンテナンスもできなくなってしまったからだ。[2]

冷戦の終結は、戦争の民営化にとって本質的な契機となった。というのもそれは戦争の形態をおおきく変えたからである。

冷戦においては、主要な戦争の形態は全面的で対称的なものであった。つまり、東西それぞれの陣営が全面的な核戦争の危険に相互的にさらされるというあり方だ。これにたいし冷戦後は、戦争の形態は局地的で非対称的なものとなる。つまり地域紛争型の局地戦がその主要なあり方となっていくのであり、そこでは「中心」諸国が連合して「周辺」諸国の紛争に介入していくという非対称な図式ができあがるのだ。戦争が限定された局地的なものになればなるほど、正規軍をまとめて投入する必要はなくなり、軍事業務を民間企業に委託する余地はおおきくなる。実際、ソマリア、ボスニア、コソボ、そしてアフガニスタンと、冷戦後の軍事介入においてアメリカ軍はことごとく民間軍事企業を活用してきた。

マフィア‐ゲリラ組織から民間軍事企業へ

こうした戦争形態の変化は、アメリカが周辺諸国を管理する仕方をも変容させるだろう。冷戦時代、周辺諸国というのはソ連とアメリカの「代理戦争」の場所であった。周辺国家をみずからの陣営につけるために、両者ともそれらの国家に介入した。たとえば、ある国家でソ連の支援をうけた社会主義政権ができると、アメリカは反政府ゲリラを養成して政権を倒そうとする、といったように。

この場合、反政府ゲリラの養成資金として、しばしば麻薬利権などの裏のカネがつかわれた。アメリカ政府は反共ゲリラが裏のビジネスに手を染めていくのを黙認し、あるいはそれに積極的に手を貸したのである。ニカラグアの反政府ゲリラ「コントラ」などがその例だ。共産主義の波をくいとめるという目的のもと、アメリカは非合法的（非国家的）な暴力組織と非公式な協力関係をむすんでいたのである。

しかしソ連の崩壊によってこうした協力関係は不要なものとなっていく。とはいえ、アメリカから用済みにされたからといって、それらの暴力組織はただちに武装解除に応じるわけでもなければ、利権を手放すわけでもない。かつて協力関係にあったアメリカと反共組織のあいだに亀裂

2　『民営化される戦争』三六‐三七頁、参照

がうまれてくる。「9・11」とはその亀裂のもっとも過激な表出にほかならない。

そして冷戦後、こんどは周辺諸国にアメリカ政府から委託された民間軍事企業がおくり込まれるようになる。つまり、周辺諸国を管理するためにアメリカによって活用される代理部隊が、非合法的なマフィア－ゲリラ組織から、合法的な民間企業へと転換されるのだ。この転換こそ、戦争の民営化において起こっている本質的な事態にほかならない。

したがって、戦争の民営化が「テロとの戦い」と並行してなされているのはけっして偶然ではない。そこでめざされているのは、アルカイダのように、かつてアメリカと協力関係にあった暴力組織（もともとアルカイダはソ連によるアフガニスタン侵攻に対抗するためにCIAによって育成された）をテロリストと名指しながらその関係を清算し、そうした暴力組織がこれまで担っていた役割を、アメリカ政府とつながりのある企業に任せるということである。

そのわかりやすい例が、国際テロ対策のためにアメリカの入国情報管理システムの構築を請け負ったアクセンチュアだろう。アクセンチュアは軍事をふくめた総合コンサルタント企業である。「テロとの戦い」と戦争の民営化が一企業の活動においてぴったりと重なっているのである（ちなみに、小泉政権最後の国会で可決された改正入管法によって、日本の入国情報管理システムも、アクセンチュアがその構築を請け負うことで、アメリカのシステムの一部にくみこまれることが既定路線となった）。

こうした代理部隊の転換がもたらすメリットはとても大きい。というのも、かつては周辺諸国を管理するためにやむをえず非公式的な暴力組織のもとにながれていたカネや利権が、アメリカ国家とむすびついた企業による資本蓄積の運動へと統合されるからである。これによってアメリカにおける資本蓄積はより効率化されるだろう。アメリカ政府の中枢にいる権力者たちが天下りなどによって手にする利権とは、こうした配置替えによってもたらされるものにほかならない。

しばしば、戦争の民営化は「国家だけが合法的に戦争をすることができる」という主権国家の原則を破壊し、それによって国家の権力を縮小させるだろうといわれることがある。しかしそれは正しくない。というのも、軍事業務を請け負う民間企業は、たとえそれが実際に武力を行使する場合でも、あくまでも国家に認可されるかぎりでそうしているからだ。どれほど民間軍事企業が戦場で中核的な役割を担うようになっても、それらの企業が独自に戦争をひきおこしたり終結させたりすることはできない。国家だけが合法的に戦争をすることができるという図式そのものはなんの変更もうけていないのだ。

むしろ戦争の民営化は国家の権力を強化する。たとえ民間軍事企業が戦場で国家の軍事活動をサポートするために国際法をおかしても国家は責任を逃れることができるし、またどれほど民間軍事企業から戦死者がでても、それは正規軍の損失としてカウントされないからだ。

戦争の民営化によって主権がおびやかされるのは、民営化された軍事力がおくりこまれる周辺諸国のほうである。それらの国家は国内の治安を管理するための十分な軍事力をもたず、自国の軍隊や警察の訓練から傭兵による直接的な武力行使にいたるまで、民間企業の軍事力にたよらざるをえない。国家の運営そのものに民間企業が介入する余地がここからうまれてくる。また、国力の弱さやアメリカからの圧力などによって、それらの国が民間軍事企業と契約する条件は自国の権益を損なうような不利なものがおおい。たとえば財力のない国家は、自国の天然資源をめぐる利権を譲渡することとひきかえに民間軍事企業と契約することすらあるという。[3] 結局、戦争の民営化によって主権をおびやかされるのは、これまでも大国の思惑によって主権が蹂躙されてきた国家なのである。

だれが「流動性」を管理するのか

日本の構造改革にはなしをもどそう。じつは規制緩和にも、戦争の民営化とおなじような現象がみられる。

構造改革は労働市場の規制緩和をおこなうことで労働の流動性をたかめた。それによってフリーターや派遣労働者などの不安定雇用が増大し、また雇用者側にとっては労働者をより安く働かせることができるようになったことは周知の事実である。ここで問題にしたいのは、そうした流動的な労働力を管理する仕方が構造改革をつうじてどのように変化したのか、ということだ。

かつて流動的な労働力をおおくかかえていた現場というのは、たとえば土木・建設や港湾荷役、もう少しまえなら炭坑などであった。そういった現場で労務供給を担っていたのは、おもにヤクザ組織である。かれらはいわば労務管理のプロであり、もちまえの暴力をバックに労働者を組織して、現場におくりこんでいた。

もちろんこうしたヤクザ組織の活動は、独自の暴力をもちいるという点で非合法的なものだ。しかし国家はそれをある程度容認してきた。なぜならヤクザ組織による労務供給は、一般企業では扱いにくい流れ者のような人間たちをまとめあげてくれたり、労働者が団結して争議することを防いでくれたりしたからである。流動的な労働力を管理するために、国家は非合法的な組織と非公式な協力関係をむすんでいたのである。冷戦期における反共ゲリラとアメリカ政府の関係と同じような関係がそこにはあった。

これにたいし構造改革による規制緩和は、派遣業や請負業（アウトソーシング業）といった労務供給業を、流動的な労働力を管理する合法的な経済活動として確立した。これが意味するのは、国家はもはや流動的な労働力を管理するために非合法的な暴力組織の力に頼らなくてもよくなってきた、ということだ。荒くれものの労働者は減り、はげしい労働争議もほとんどおこらなくなった。国家はこれによって、それまで非合法的な暴力組織とむすんでいた協力関係を清算し、また、かつてはそうした組織のもとに流れていたカネをみずからの法秩序のもとへと統合しようとする。一九九二年に施行された暴力団対策法から、小泉政権最後の国会（第一六四国会）で制定

3　『民営化される戦争』一一七－一一八頁、参照

がめざされた組織的犯罪処罰法改正案（共謀罪）へといたる一連の措置は、こうした文脈のなかにある。ちょうど戦争の民営化が「テロとの戦い」と連動していたように、労働市場の規制緩和も社会における暴力の図式の書き換えと連動しているのだ。

このような書き換えそのものがあらたな権益拡大の可能性をうむ。たとえば、裏社会のカネを洗浄するマネーロンダリングへの監視強化がさけばれるようになり、それを取り締まるための法規制やインフラ整備をめぐって、役人は裁量権を拡大しようとし、企業はビジネスチャンスを拡大しようとし、政治家は口利きの機会を拡大しようとする、というように。

そもそも規制緩和のねらいは、資本や労働、土地といった生産要素の流動性をたかめて、それらを利潤率のたかい産業へと流れやすくするということにあった。そこでは、その流動性をだれがどのように管理するのかという問題が必然的に生じてくる。この「だれがどのように」というところで権力や利益の拡大がはかられるのだ。

行政的なレベルでいえば、規制緩和によって生じた新しい流動性は、法的なグレーゾーンをうみだしたり、新しい管轄対象をつくりだすことで、役人たちが裁量権を拡大する可能性をひらく。ライブドア事件から村上ファンド・インサイダー取引事件へといたる一連の捜索・逮捕劇のなかに、金融資本の新しい流動性を取り締まるための裁量権を確立しようとする当局の恣意が感じられるのはそのためだ。

また、「どのように」という技術的なレベルでいえば、ＩＴ化といわれる情報管理技術の発達は、さまざまな領域で流動性をたかめるとともに、それを管理する手段をくみたてる。たとえば、労働力の流動性がたかめられ、そしてそれを管理する手段が寄せ場からインターネットやデータベースに移行したのも、その発達をつうじてだ。流動性をめぐるこうした新しい管理技術のまわりで権力と利益の拡大がはかられる。住基ネットやNシステム（自動車ナンバー自動読み取り装置）、そして二〇〇六年（第一六四国会）の入管法改正によって導入されることになった入国情報管理システムなど、すべておなじ利権拡大の図式のうえにある。

構造改革は、ネオリベラリズムや市場原理主義といった経済政策上の立場の問題としてとらえられることがおおい。これは構造改革が支持される場合にも批判される場合にもみられることだ。しかしそうしたとらえ方は――間違っているわけではないにせよ――けっして十分なものではない。構造改革とは、権力の再編成と利権の回路の再配置をめぐるひとつの運動である。それを見誤るなら、なぜ「自由化」といわれるものが権力の強化をもたらすのかが見えなくなってしまうだろう。

状況 2

郊外と〈第三世界〉の拡大

二〇〇五年秋、フランスは若者たちの「暴動」に揺れた。かれらはフランス各地で車を燃やし、公共施設を破壊し、警察と衝突した。

フランス暴動と移民問題？

パリやストラスブールといったフランス大都市の郊外で若者によって車が燃やされるという事態は、じつはかなり日常的なものだ。それはとりわけ大晦日やフランス革命記念日などの夜に頻発する。また、アフリカ系（アラブ人や黒人）の住民が多い郊外の地区で、警察とのいざこざで若者が死に、それをきっかけに若者が警察と衝突するという事態もときどき起こる。二〇〇五年秋にフランスで起こった暴動も、きっかけはそうした死亡事件だった。

しかしこのときは、若者による破壊行為や警察との衝突が、死亡事件のあった地区をこえてフランス全土にひろがった。なぜだろうか。

多くの報道や論評では、移民問題がその背景にあると指摘されている。その指摘はけっして間違いではないだろう。じじつ、多くの場合、警察の取り締まりはアフリカ系住民にたいするあからさまな人種差別意識にもとづいており、アラブ人や黒人の若者はその外見だけではじめから犯罪者扱いされる。身に覚えがないのに警察から侮蔑的な態度で接されたり、暴力的に扱われることも少なくない。だから、かれらの多くは警察にたいして敵対的な感情をもっている。またアフリカ系住民にたいする就職差別もひどく、ヤバい地区出身の非白人というだけでまともな仕事につくことは難しい。日常的な差別はかれらに、社会から疎外されているという意識を植えつけずにはおかないだろう。

とはいえ、今回の暴動を移民問題としてのみとらえることはそれほど的確ではない。というのもそこにはいわゆる白人も数多く参加していたからだ。

日常のローカルな破壊行為や警察との衝突が全国的な規模へと拡大したのは、日ごろはそこに参加していない人びとがそこに加わったからである。今回の暴動は、かならずしもアフリカ系住民が多いわけではない地方にまでひろがった。たとえば、フランスの北部地方で逮捕された若者の半数以上が白人だったといわれている。問題を移民問題へと切り縮めてしまう発想では、こうした広がりを説明することができない。暴動が拡大するとき、重要となるのは、そこに新たにどのような人が加わったのか、ということである。

〈法の外〉と〈第三世界〉

暴動の拡大は、フランスの郊外や地方における〈第三世界〉の拡大と切りはなせない。サルトルは一九七〇年に「第三世界は郊外に始まる」という文章を書いている。この文章は、フランスの郊外とはどのような場所なのかを理解するうえでとても簡便なものだ。サルトルはそこで、アフリカ系の移民労働者がフランスでおかれた状況を説明している。

サルトルは、多くのアフリカ系住民が不法入国によってフランスに移住してきたという現実について、こう述べている。「不法入国とは茶番である。実のところ、それは移民政策である」[1]、と。

なぜ茶番なのだろうか。

それは、不法入国が実際のところ警察の協力なしにはありえないものだからだ。警察は不法移民だということを承知で、あえてアフリカ系労働者をフランスに入国させているのである。不法

1　J-P・サルトル「第三世界は郊外に始まる」鈴木道彦訳、『植民地の問題』鈴木道彦他訳、人文書院、二二八頁

な地位にとどめておくほうが、なにかとかれらを使いやすいからだ。不法就労であれば、かれらの賃金を法定賃金よりもかなり安く押さえることができるし、いつでもクビにすることだってできる。また、なにか問題がおこれば「不法滞在」を口実にかれらを国外強制退去させてしまえばいい。

フランスにおける郊外がいまのようなかたちに形成されたのは、戦後の高度成長をつうじてである。産業の拡大にともない大都市の郊外につぎつぎと工業地帯がつくられ、また、そこで働く労働者のために低家賃の公共住宅が建てられた。しかし、フランス人労働者だけでは必要な労働力をまかないきれず、またかれらの労働条件は合法化された組合活動によってある程度保護されていた。こうして、安くて便利な労働力を確保するために、不法入国をつうじた移民政策が国をあげてとられることになったのである。

ごらんのように、何よりもまずかの有名な不法入国という茶番を、実は経営者が望む通りの移民のタイプそのものであると見なさなければならない。[2]

不法入国する、ということは、フランスで法の外におかれることになる、ということだ。この〈法の外〉という立場のせいで、アフリカ系労働者たちはフランス人労働者よりもさらに搾取されることになる。フランス人労働者にはあるはずの法の保護がかれらにはあたえられないからだ。

たんなる搾取をこえた過剰搾取がそこにはある（エチエンヌ・バリバールは、資本主義体制においては過剰搾取なしには搾取そのものがなりたたないと述べている）。[3]

戦後、植民地を失ったフランスは、こうして国内で過剰搾取をおこなう可能性を手にする。サルトルが「第三世界は郊外に始まる」というときの〈第三世界〉とは、この過剰搾取の可能性にほかならない。

だから、アフリカ人労働者は過剰搾取を受けているのだ。そして彼らが過剰搾取を受けているのは、まさしくフランス経済が、賃金以下の賃金、フランス人労働者の給料より劣った給料の人びとを使わぬかぎり、ヨーロッパにおける競争的な地位を維持できないからである。[4]

アフリカ人労働者に対する過剰搾取は、フランスの資本主義にとって必要なものなのだ。[5]

しかしこうした郊外の状況は、サルトルがこの文章を書いた七〇年以降、少しずつ変化してい

2　「第三世界は郊外に始まる」『植民地の問題』二二九頁
3　Cf. É. Balibar, *Nous, citoyens d'Europe ? Les frontières, l'État, le peuple*, Édition La découverte, 2001, p. 196
4　「第三世界は郊外に始まる」『植民地の問題』二三二頁
5　「第三世界は郊外に始まる」『植民地の問題』二二八頁

く。高度成長が終わり、オイルショックをきっかけに不況がはじまると、郊外につくられた工場はつぎつぎと海外の安い生産拠点に移されていくからだ。雇用の場は減り、郊外の労働者は余分になる。失業はアフリカ系労働者だけでなく、白人系労働者をも襲うだろう。こうして、サルトルのテクストから一〇年後の一九八〇年に、今度はドゥルーズとガタリがつぎのように書くことになる。

世界規模の公理系が、さしあたって中心にポスト産業的活動と呼ばれるもの（オートメーション化、エレクトロニクス、情報処理、宇宙開発、軍備拡大……）を確保しながら、周辺に高度産業や高度に産業化された農業を設置すればするほど、それは同時に中心にも、低開発の周辺地帯を、内なる第三世界を、内なる〈南〉を設置することになる。不安定な雇用（下請け、臨時雇いまたは非合法労働）においやられた「大衆」が存在し、その生計は公式上、国家の社会保障と不安定な給与によってのみ維持されている。イタリアの代表的な例から、ネグリのような思想家たちは、ますます学生を周辺に同化させていく内なる周縁についての理論を産み出している。[6]

ここで「世界規模の公理系」といわれているのは、世界規模における資本主義のことであり、また「中心」といわれているのは、いわゆる先進国のことである。世界資本主義の「中心」である先進国から、さまざまな産業が「周辺」諸国に移転されることで、「中心」諸国にも〈第三世界〉がひろがっていくのである。

その〈第三世界〉の広がりは、「中心」諸国の保護された労働者のステイタスをも危うくせずにはおかない。フランス人労働者のあいだにも非正規雇用が増え、不法な労働条件がまかりとおるようになるのだ。熟練労働者になる機会をあたえられないことがアフリカ系労働者の過剰搾取をささえるひとつの要因になっていると述べたが、同じことが不安定雇用のフランス人労働者にもあてはまるようになる。かつて熟練労働者になることは、ブルーカラーが「中流」へと階層上昇するための主要な回路であった。しかしいまやフランス人労働者にとっても、その回路は閉ざされつつあるのだ。

フランス国内における〈第三世界〉の広がりによって、〈不安定な身分のもとで過剰搾取されるアフリカ人労働者〉と〈フランス人労働者〉との境界線がどんどん曖昧になっていくのである。

今回の暴動が白人系フランス人をもまきこんで拡大した背景がここにある。逮捕された若者の半数以上が白人だったフランス北部地方は、かつて炭坑や鉄鋼業などで栄えた地域だ。しかしいまや産業は空洞化し、住民はアフリカ系か否かにかかわりなく不安定な労働環境にさらされている。白人系住民とアフリカ系住民のあいだの人種的な壁をこえて押しよせる〈第三世界〉化の波

6　G・ドゥルーズ＋F・ガタリ『千のプラトー』宇野邦一他訳、河出書房新社、五二三頁（強調原文）

に乗ることで、暴動は全国的な規模に拡大していったのだ。

不安と治安

とはいえ、〈第三世界〉化の波が白人系の労働者をも飲み込むことで、アフリカ系労働者と白人系労働者のあいだで過剰搾取に対抗するための連帯がうまれるかというと、実際はかならずしもそうなってはいない。

たとえば、不安定雇用や失業にさらされた白人系労働者は、しばしば、自分たちがそうなっているのはアフリカ系労働者が自分たちの仕事を奪っているからだと考えてしまう。「やつらが安い賃金で働くから、われわれの賃金水準も下がり、仕事もやつらの方に流れてしまうのだ」というわけである。

もちろんこの発想は実状に反している。実際、アフリカ系労働者は、白人系労働者の状況が悪化するずっと前から劣悪な条件のもとで仕事をしてきた。

しかし「やつらのせいだ」という発想は、いくら正しくなくても、アフリカ系住民にたいする人種差別的な感情によってもっともらしいものになる。こうなると、白人系労働者とアフリカ系労働者のあいだで連帯がうまれるどころではない。反対に、アフリカ系住民にたいする排外運動が激化してしまう。移民排斥をとなえる極右政党の「国民戦線（フロン・ナショナル）」がこうして支持をのばす。とりわけ一九九〇年以降、フロン・ナショナルは不安定雇用や失業にさらされた白人労働者からひろく支持をあつめるようになっていく。

同じことは仕事についてだけでなく、社会保障についてもあてはまる。先の引用文でドゥルーズ＝ガタリが述べていたように、失業や不安定な雇用状況におかれた人びとは、日々の生計を国家による社会保障に頼らざるをえない。しかしその社会保障のほうは、国家の財政状況が悪化しているとか、国家予算をより利潤率のたかい新しい産業にさしむけるべきだといった理由によって、年々縮小されている。この縮小が、アフリカ系労働者のせいにされるのだ。「本来ならわれわれ白人フランス人が受けとるべき社会保障を、本来の国民でもない移民系住民が不当にむさぼり食っている」という感情である。

セキュリティをめぐる過剰な要求がここからうまれてくる。

セキュリティには「治安」という意味だけでなく、「社会保障」という意味がある（フランス語で社会保障は sécurité sociale、つまり社会的セキュリティといわれる）。セキュリティは、たんに他者から暴力をうけたり所有権を侵害されたりしないといったことにとどまらず、病気や事故、失業や労働災害にあっても生活が保障されるといったことをも含意しているのだ。

フーコーは、監視や処罰をおこなう規律権力が、住民たちの健康や公衆衛生、雇用などを調整する生‐権力へと拡大してきたところに、近代における権力のあり方の展開をみた。これをセキュリティにあてはめていうなら、権力の対象が治安という意味でのセキュリティから、ひろく住民の生存条件一般の整備にかかわる社会的セキュリティへと拡大してきたところに、規律権力から生‐権力への展開がある。

しかし、後者の意味でのセキュリティは、現在どんどん低下している。労働環境の〈第三世界〉化によって住民の生存条件はますます悪化しているうえに、頼みの綱の社会保障予算も縮小されているからだ（さらには教育予算や各種補助金なども）。このことは、住民のあいだに生存をめぐる不安を引きおこさずにはおかない。

この不安は、治安という意味に狭められたセキュリティへの不安へと容易に転換されるだろう。同じセキュリティでも、そちらのほうがわかりやすいからだ。全般的な生存条件の悪化は、セキュリティ概念を横滑りして、治安の悪化という問題へと短縮されてしまうのである。

そしてこのときにも、治安の悪化はアフリカ系住民のせいにされる。ちょうど社会保障という意味でのセキュリティの低下がかれらのせいにされたように、である。アフリカ系住民は、社会保障《セキュリティ》を白人系フランス人から横取りしていると見なされるだけでなく、それ以上に、かれらの治安《セキュリティ》をおびやかす存在と見なされるのだ。「外国人＝犯罪者」という人種主義的偏見をつうじて、治安の悪化がアフリカ系住民の存在とむすびつく。

アフリカ系住民を厳しく取り締まれ、という要求がこうして白人住民の側からだされるようになる。労働や生活をめぐる広い意味でのセキュリティの低下が、人種主義化された治安対策の強化によって埋め合わされるのだ。生存をめぐる不安が「外国人」にたいする敵意へと翻訳される。

その結果、生存条件の〈第三世界〉化をもたらしている固有の原因は問われなくなるだろう。

今回の暴動で、極右政党のフロン・ナショナルは支持率をのばし、他方で、サルコジ内相（当時）は移民政策を厳しくする方針をうちだした。暴動で逮捕された外国人は、たとえ合法的な滞在者であってもすべて強制的に国外退去処分にされることになった。サルコジは、暴動に参加した若者が非白人系住民であるかのようなレトリックを多用し、問題を治安と移民の問題へと切り縮めたのである。

こうした短縮は、暴動の背景となった現実をみえなくする効果をもつ。その現実とは、いまのフランス政府自身が、多国籍化したフランス資本を支援するために、その引きかえとして郊外や地方の〈第三世界〉化をおしすすめているという現実である。

住民のほうもまた、サルコジの強硬なパフォーマンスを支持した。これによって住民たちは図らずもフランス社会における〈第三世界〉の拡大に加担してしまう。「イデオロギー」とよばれる領域に固有の逆説がここにはあるだろう。すなわち、過剰搾取にさらされた白人系住民たちが、人種主義を介して、治安対策や移民政策の強化を支持することで、過剰搾取にますますさらされやすくなる事態をみずからまねいてしまうという逆説である。

ナショナリズムの逆説

「拠り所のなさ」とナショナリズム

いまナショナリズムが「下から」噴出しているのはなぜだろうか。

居場所のない若者が増えているといわれる。居場所とはなにか。それはたんに「生活するための場」ということだけを意味するのではないだろう。それはさらに「人びとからそれなりに認められて社会的に活躍できる場」ということも意味している。

いまは仕事があっても就職せず、フリーターをやる若者がけっこう多いといわれる。社会をみると、有名になってブイブイいわせていたり、「超」のつくほどたくさんカネを稼いでいたり、自分の好きなことでメシを食っていたり、すごくクリエイティヴな仕事をしている人たちがどうしても目につく。そんな人たちを見ていると、生きるためとはいえ面白味のない地味な仕事に就くのはなんとなくイヤになってくるだろう。就職すると、そこで自分の可能性が閉ざされてしまうような気がするのだ。

仕事とはけっして生きるためだけの手段ではない。人びとから認められ、社会的に活躍するための可能性の場でもある。それは諸個人のアイデンティティに深くかかわっている。仕事とはたんに物質的なレベルだけでなく、精神的なレベルにおける拠り所でもあるのだ。

しかし、精神的な拠り所となるような仕事をもつことが、いまではますます難しくなっている。社会のなかで目立っている人と自分との落差がイヤでも感じられてしまうからだ。不満がたまる。もちろんいまは物質的な拠り所としても仕事はあまりあてにならない。雇用は不安定化しているし、給料もよくない。生活のためには仕方ないとはいえ、そんな仕事にしがみついている自分がなさけなく思えることもあるだろう。不満はだから物質的なレベルと精神的なレベルの両方にまたがる。実際、一般的にいって、給料などの条件のよくない仕事であればあるほど、自己を実現できる可能性のちいさな仕事になってくる。

いまのナショナリズムの噴出は、こうした「拠り所のなさ」とけっして無関係ではない。精神的な拠り所として国家が呼びだされているのだ。

ナショナリズムの基本的な原則とはなんだろうか。「国家はわれわれ国民のものである」というのがそうである（あるいは独立をめざすナショナリズムにおいては「われわれ国民（民族）はみずからの国家をもたなくてはならない」となる)。ナショナリズムは主張する、国家は国民によって国民のために運営されなくてはならない、と。この点でナショナリズムは民主主義と一定の親和性をもつ。

ただしこのときナショナリズムは、「われわれ国民とは誰のことか」という問いにどうしても答えなくてはならず、またみずからすすんでそれに答えようとするだろう。ナショナリズムはアイデンティティをめぐる問答とけっして切りはなせない。「どのような人間が国民の名にふさわしいのか」「模範的な国民とはどのようなものか」という問いも、その延長線上にある。ナショナリズムの排外主義がここからでてくる。ナショナリズムにおいて民主主義と排外主義はつねに共存するのだ。

たとえばフランスで、移民排斥をとなえる極右のル・ペンが支持されるのも同じロジックにもとづいてである。ル・ペンは二〇〇二年のフランス大統領選挙で決選投票まで勝ちすすみ、世界を驚かせた。かれの主張には、ある種の民主主義的要求が込められている。国民の生活をないがしろにしてグローバリズムをおしすすめるエリート官僚をル・ペンは容赦なく批判する。EU反対の立場をとるのも同じ理由からだ。グローバリズムによって国家が国民のためのものではなくなっていってしまうことへの危機感がそこにはある。

その危機感は容易に外国人排除へとむかう。社会保障のための財政状況が悪化しているのは移民(とその子弟)のせいだとされる。本来なら白人フランス人が受けとるべき社会保障をかれらがむさぼり食っている、という批判だ。この横取りのイメージが「外国人＝犯罪者」という偏見とむすびつく。〈セキュリティ〉が外国人によって奪われている、という感覚がこうしてうまれてくる。

示唆的なのは、ル・ペンを支持している人びとを職業別にみると、失業者が圧倒的に多いということだ。つぎに多いのがブルーカラーの労働者である。ホワイトカラーや管理職になるほどル・ペンの支持率は低くなる。仕事をめぐる拠り所のなさとナショナリズムへの衝動とがはっきりと相関している。社会的なステイタスの欠如の埋め合わせにナショナリズムが呼びだされているのだ。

ナショナリズムのねじれと郵政民営化

いまのナショナリズムの噴出は、社会生活における拠り所のなさへの危機感や不満、そして生活そのものへの不安からきている。しかしそこで呼びだされるナショナリズムではけっして問題を解決できないだろう。たとえば失業の増加や社会保障の行き詰まりは、移民を排斥すれば解決されるような問題ではない。ナショナリズムが呼びだされる原因となっていることと、ナショナリズムをつうじて要求されることのあいだにはズレがあるのだ。

このズレは二〇〇五年九月の衆院選でもみられた。

この選挙では郵政民営化をかかげる小泉自民党が大勝した。なぜかといえば、それまで自民党の票田ではなかった都市部の浮動層が自民党に投票したからである。どのような要求がかれらにはあっただろうか。郵政事業の陰でさまざまな権益がむさぼられている構造を解体しなくてはならない、という要求だ。

郵便局には郵貯や簡保をつうじて巨額のカネがあつめられている。そのカネは財政投融資をつうじて公共事業の資金としてつかわれるが、そこには政治家や官僚、業界が利権のために群がり、そのせいでムダな公共事業がおこなわれている。それをやめさせなくてはならない、という要求が小泉自民党を圧勝にみちびいた。「国家とは国民みんなのものであり、一部の特権者がそれを私物化してはならない」というナショナリズムの主張がそこにはある。

郵政民営化をめぐる議論では、ぬるま湯につかっている郵政公社の職員を市場原理のもとでもっと競争させなくてはならない、ということがさかんに言われた。公務員にあたえられた特権や保護に不満をもつ有権者がこれに呼応した（ただし実際にはすでに郵政事業は独立採算によってなされ、職員の人件費に税金は使われていなかったが）。自分たちは厳しい競争社会のなかでこんなに苦労しているのに、かれらだけズルい、という感情だ。

しかし、そうやって市場原理を拡大すればどのようなことになるだろうか。市場競争の原理が社会を席巻し、有権者たちはますます厳しい競争にさらされて苦労することになるだろう。一般に、公共セクターでの労働条件が悪くなれば、それは民間にも波及せずにはいない。かれらはたたきやすい標的に不満をぶつけることで、結果的に自分たちの首を締めてしまうのである。

また利権の構造も、郵政民営化によってなくなったわけではなく、別のかたちで温存された。財政投融資は別の仕組みのもとで残ったし、たとえ公共事業における目に見えるかたちでの利権は縮小しつつあるとしても、その一方で、金融市場でのカネの運用をめぐる――抽象的な――利権の構造がつくられているからだ。

郵政民営化は、郵貯・簡保にあつめられたカネを自由市場にまわすことで金融市場を総体的に効率化するという目的で推進された。しかし、労働市場の効率化が雇用を不安定化したように、金融市場の効率化も日本の金融財政システムの不安定化やカネをめぐる市場リスクの上昇をもたらさずにはおかない。それによって生じる損失の埋め合わせは、結局、税などのかたちで民衆が負わされることになるだろう。

郵政民営化に賛成票を投じた人たちは、郵政公社をバッシングすることで溜飲を下げたかもしれない。しかしその代償はあまりに大きいのだ。

郵政民営化が圧倒的に支持されたのはナショナリズムの要求をつうじてであり、その背景には、生活のための環境が厳しくなっていることへの民衆の不満がある。しかしそのナショナリズムをつうじて実現されたのは、かれらの不満の種をますます深刻化するような政策だ。

逆にいうなら、国家のほうは「下から」のナショナリズムをうまく利用することでみずからを再編成している。いま国家は、グローバル化とハイテク化がおしよせるなかで、より利潤率のたかい産業を育成することに躍起になっている。民衆の生活を犠牲にしてでも労働市場と金融市場を効率化し、安い労働力と多くの資金をそうした産業へと流れやすくしているのはそのためだ。この流動性の上昇によって人びとのあいだには生活不安がひろがる。しかしかれらはその不安をナショナリズムへと翻訳することで、国家の政策を逆に後押ししてしまう。民衆からの要求と国家の目論見がねじれたかたちで一致する。

セキュリティと国家の変容

　こうしたねじれは、セキュリティという一般的なレベルでもみられるだろう。国民と国家のあいだには一種のセキュリティ協定がある。国民は税金を支払うかわりに、国家はかれらのセキュリティを保障する、という協定だ。たとえば、国家は戦争をするとき、国民の安全《セキュリティ》をまもるという理由でそれを正当化する。また国民のほうも、国家がかれらの安全《セキュリティ》をまもるべきだと考え、実際にそれを国家に要求する。国家は警察活動などをつうじて強制力を行使するが、それを国民が受けいれるのも、社会の治安《セキュリティ》をまもるためという理由からだ。

　ただし注意しなくてはならない。この場合セキュリティというのは、たんに「暴力から保護される」といったことだけを意味するのではない。社会保障のことを英語でソーシャル・セキュリティというように、社会生活のなかで起こりうるさまざまな不慮の事態から守られるといった意味もセキュリティの概念には含まれている。だから国民にとっては、安定した雇用のもとで安定した収入を得られるということもセキュリティだし、失業や事故にあっても生活が保障されるというのもセキュリティだ。病気や高齢になっても生活が保障されるというのもそうである。

国民国家がいまのようなかたちに形成されてきたのは、治安や安全保障といった狭い意味でのセキュリティだけでなく、民衆の生存にかかわる広い意味でのセキュリティを国家が保障することによってであった。とりわけ戦後期にその傾向は強まる。失業をできるだけ減らすための雇用政策がとられ、労働条件の改善がめざされた。また、社会保険や生活保護、福祉事業などの社会保障制度も整えられていった。国民にとってそれは生存条件の向上をもたらすものだった。

ところが現在、この広い意味でのセキュリティが逆にどんどん低下している。雇用は不安定化するし、財政難ということで社会保障も縮減されている。将来の生活の見通しがなかなか立たなくなり、国民のあいだに不安がひろがる。

この不安がいまのナショナリズムの原動力となっている。生存にかかわる全般的なセキュリティの低下をまえにして、国民は、セキュリティをちゃんと保障しろと国家に要求しているのだ。ただしこのときセキュリティの意味は狭められてしまう。つまり国民は、治安や安全保障をめぐる狭い意味でのセキュリティの強化を国家に要求することで、生存条件をめぐる社会的なセキュリティの低下を埋め合わせようとするのだ。社会生活における不安や不満、不全感といったものが、安全保障上の「敵」や「治安をみだすヨソ者」、「邪魔くさい異分子」への憎悪へとかんたんに翻訳される。

一方で国家のほうは、このナショナリズムの要求をバネにして、国民生活全般にかかわるセキュリティから、治安や安全保障に特化したセキュリティへと活動の重心を移すことができるようになる。

もともと国家にとって、国民の生活にまで拡大されたセキュリティの保障は、時代状況に応じてなされた付随的な活動であった。国家の存立にとってそれはけっして本来的なものでもなければ必要不可欠なものでもない。治安や安全保障にかかわるセキュリティこそ、国家にとって本来的な関心事である。実際、社会のなかで国家だけが法の名のもとで暴力をもちいることができる。戦争をしたり、人びとを逮捕・処罰したりすることができるのは国家だけだ。それ以外の組織や個人は、国家に認可されるかぎりでしか暴力をもちいることはできない。いざとなれば暴力をもちいてセキュリティを保障することが、国家に固有の活動なのである。

国家によるセキュリティの保障が国民の生活にまで拡大したことには、二つの要因があった。一つは革命のリスクである。戦後期とは冷戦がどんどんエスカレートしていった時代だ。共産主義諸国が資本主義諸国に対峙するという状況のなかで、西側諸国には、国内の労働運動によって自国の経済体制が打倒されるのではないかという危機感がリアルに存在していた。西側諸国はそのリスクを回避するために、資本主義の過酷さから人びとの生活を保護するような政策をとらざるをえなかったのである。

もう一つの要因は高度経済成長である。それは、大量生産される大型商品を購買できる中間層をさまざまな社会政策によって育成することを国家に要請した。国家が国民全体の生活を底上げするような財の再分配をしてきたのはそのためだ。

しかし産業構造はしだいに転換していき、冷戦も終わる。いまの国家にとって課題となっているのは、先進諸国が連合しておこなうグローバル・ガバナンスに参加できるような、そして多国籍化した自国資本の活動を支援できるような法的・軍事的な体制をととのえることである。軍需産業やセキュリティ産業は最先端のテクノロジーを集約してくれるし、また不況に関係なく需要をつくりだすことができる。恐慌になったり不況がつづくと治安活動や軍事活動への要求が高まるのはこのためだ。国家の軍事‐セキュリティ活動そのものが資本の形成にとって構成的な役割を果たすのである。

国民からの要求と国家の思惑が、ここでもねじれたかたちで一致する。暴力にもとづいた本来的なセキュリティ活動へとさらに重点をおきたい国家を、それによってみずからの生活が犠牲にされる国民が——セキュリティの意味を狭めて国家に要求することで——後押ししてしまうのだ。

アイデンティティをつうじた誤認

ではなぜナショナリズムはみずからの原因とはズレたことを国家に要求してしまうのだろうか。

世論を誘導する統治者側の策略のうまさというのももちろんあるだろう。しかしそれだけではない。というのもナショナリズムの誤認はナショナリズムそれじたいの特性に起因しているからだ。世論の誘導もその特性にもとづいてでなければ可能ではない。

ナショナリズムが国家への要求をなすのは、つねにアイデンティティの枠組みをつうじてである。「国民である」ためのアイデンティティをもつことではじめて国家になにかを要求できる、とそこでは考えられるのだ。移民や外国人への敵意がうまれるのは、かれらが「国民ではない」（または「純正な国民ではない」）にもかかわらず不当にさまざまな権利や利益を享受していると見なされるからにほかならない。

生存条件が悪化してくるとナショナリズムが呼びだされる理由もここにある。これまで、国家による生存の保障は「国民である」という資格にしたがってなされてきた。生存の保障はけっして無条件的なものではなく、そこには「国民としてのアイデンティティをもつ」という条件が厳密に存在するのである。だから国民は、生存条件の悪化をまえにすると、それが保障されてきた根拠であるナショナル・アイデンティティにすがりつくことでなんとかその悪化から自己を防衛しようとするのだ。「国家はわれわれ国民のためにある」ということを、アイデンティティの命法によって証明しようとするのである。

ナショナリズムは政治的・社会的な問題をアイデンティティの問題へと還元してしまう。だからこそ、それはみずからの原因をとらえそこねてしまうのであり、また、わかりやすい「敵」や

「悪者」を国家の力によって退治しろという主張に落ち着いてしまうのである。とりわけその「敵」や「悪者」は、ナショナル・アイデンティティに対立するものであると見なされるとき、より激しい憎悪の対象となるだろう。ちょうど、政治的・経済的なレベルで容赦のない要求をしてくるアメリカよりも、靖国問題で異議をとなえる近隣諸国のほうに敵愾心がむけられるように。

たとえば日本がこれだけの財政赤字を抱えることになった歴史的なきっかけは、一九八九年にはじまった日米構造協議にある。そこにはさらに、過当な競争から国民経済を保護してきたさまざまな「構造」を「改革」するというおまけまでついていた。郵政民営化にしても、アメリカの金融業界が米通商代表部（ＵＳＴＲ）をつうじて日本政府に長年要求していたことだ。これらすべては日本国内における生存条件の悪化に直結している。

しかし、ナショナル・アイデンティティに固執した国民はどうしても靖国問題のほうにヒステリックに反応してしまう。

国家が国民の死を顕彰するということは、国民にとってはアイデンティティの最大の拠り所になりうる。というのもそれは、諸個人をこえた存在のもとでかれらの死が（したがって生も）価値づけられるということだからだ。この「諸個人をこえた存在」は、国家が宗教的なものに依拠すればするほど「永遠的なもの」という性質をおびるだろう。宗教はまさに神などの永遠的なもののもとで人間の生と死に意味をあたえてくれるからである。人工物でしかない国家は、そうした宗教性に訴えることで永遠的なものを獲得しようとする。それによって国家は、永遠性のもとで国民の生と死を動員することができるようになるのだ。

しばしば、ナショナリズムを超えるため、ということで次のように言われることがある。「国家に要求なんてするから国家にからめとられてしまうのであって、ナショナリズムを超えるためには国家に要求することをそもそもやめなくてはならない」、と。

しかしこれは正しくない。というのも、国家になにも要求しなければ国家から自由になれるかといったら、そんなことはないからだ。国家は、強制力をつかってさまざまな決定を社会のなかに貫徹しようとする運動のうえになりたっている。だから、自分は国家なんて関係ないと思い込んでも、その力がおよぶ場所にいるかぎり必ず国家の強制力をうける。観念や意識のうえで国家を超越したつもりになってもまったく意味がない。そんなことでナショナリズムの問題を解決することはできないのだ。

ナショナリズムは「国家とは国民のものである」と主張することで、民衆が国家に政治的要求をし、国家の強制力をコントロールする可能性をまがりなりにもひらいた。「国家に要求なんてするな」という立場は、たんにナショナリズム以前の状態に回帰することを帰結するだけである。

ただしナショナリズムは、その要求の基礎に「国民である」という資格をおくことで、政治的要求の可能性をナショナル・アイデンティティの枠のなかに制限してしまう。だからナショナリズムを超えようとするならば、「よい（真の）国民」であることを求めてくるようなアイデンティティの制限をこえて政治的要求の可能性を開いていく方向にすすまなくてはならない。そのうえで、民衆の生存条件の悪化とアイデンティティ不安を緩和するような「政治」を実践すべきなのである。

国家の縮小と権力の伸張

国家と国民のあいだのねじれた関係をつうじて、権力のあり方は現在どのようなものへと再編成されているのだろうか。さいごにこれを見ておこう。

民衆の生活にかかわる広い意味でのセキュリティから国家が撤退することは、しばしば「大きな政府」から「小さな政府」への移行として肯定的にとらえられる。それによって国家の干渉は縮小していくだろう、と。

しかし「小さな政府」にむかうからといって、国家権力そのものも縮小されると安易に考えることはできない。というのも、国家はこのとき、国民の生活を保障しようとするよりは、暴力をつうじたセキュリティの管理にますます傾斜するようになるからだ。これによって国家は国民の献身をより求めるようになっていく。国民の自己負担増加や増税がなされると同時に、国家への忠誠が強調されるのはこのためである。「小さな政府」がそのまま「抑圧の小さな国家」になるわけではない。むしろその反対だ。

「小さな政府」をめざす民営化についても同じことがいえる。

戦争の民営化を例にしよう。イラク戦争では民間軍事企業の活動が注目をあつめた。それらの企業はイラク駐留のアメリカ軍などからさまざまな軍事業務を委託されている。その業務は、要人や重要施設の警護、イラク軍・警察の人員育成といったことから、はてはテロリストの摘発やスパイ活動といったダーティーな仕事まで、かなり幅広い。民間軍事企業のスタッフをしているのはおもに、かつて政府軍の特殊部隊などにいた軍事のエキスパートたちだ。イラクで活動している民間軍事企業のスタッフの数は、イラク駐留のイギリス軍兵士の数を上まわるといわれている。

こうした戦争の民営化はしかし、国家の権力を縮小させはしない。というのも、国家はそれによって「戦争をおこなう権限」そのものを放棄するわけではないからだ。民間軍事企業が武力を行使することができるのは、あくまでも国家によって認可されるかぎりにおいてである。法の名のもとで暴力を発動する権限をもっているのは国家だけだという事態はなんの変更もうけない。どれほど民間軍事企業が戦場で中核的な役割を担おうとも、その企業が独自に戦争を引きおこしたり終結させたりすることはできない。

むしろ反対に、国家の権力はそれによって強化される。なぜなら国家は、合法的な暴力をもちいる権限だけは保持しながら、それにともなうさまざまな責任からは逃れることができるからだ。民間軍事企業が国家の武力行使をサポートするためにどれほど非合法な活動をしても、国家は責任を問われない。どれほどの死者が民間軍事企業からでても、それは正規軍の損失としてはカウントされない。

多くの場合、民営化とは、国家が責任をとらずに権力を強化・集中するための巧みな方策になっている。教育現場においてもそうだ。市場原理に教育をゆだねればゆだねるほど、教育行政の権力は強化されていく。教育におけるさまざまな問題の責任は現場に負わせる一方で、市場で競争するためのルールをさだめたり、競争を監督したり、どこが競争に勝ったのかを判定する権限は行政が握ることになるからだ。「みずからの責任で自由に競争しなさい、われわれはそれを監督し、その競争結果にもとづいて予算を配分しますよ」というわけである。

こうして権力は集中化し、現場の状況を無視した決定がトップダウンでどんどん降りてくるようになる。現場にいる人たちの裁量は小さくなり、仕事量だけは増えていく。そこでかれらはその埋め合わせとして、強化されたお上の権力を楯にとって自分より弱い立場にある人たちにみずからの権力を乱用するようになる。権力がねじれたかたちで増幅されるのだ。

丸山眞男がファシズムの構造としてとりだした「抑圧の移譲」と似た構造がここにはある。ファシズム期には、「戦争遂行のため」とか「国家のため」といった大義名分をかかげればどんな不条理な要求や暴力でも下の者につきつけることができるような状況が、社会のさまざまなレベルでうまれた。ドゥルーズ＝ガタリがファシズムをミクロポリティクスにむすびつけているのもこれと無関係ではない。現在もまた、現場への締め付けが厳しくなるなかで、上の意向を過剰になぞることでみずからの自由の縮小を埋め合わせようとする状況があちこちでうまれている。ミクロなレベルで権力がヒステリックに増殖され、それが全体として暴走するという事態が拡大しつつあるのである。

ポピュリズムのヨーロッパ

フランスの場合

二〇〇二年のフランス大統領選挙では、極右のル・ペンが思わぬ「躍進」をとげた。この事態をどのように理解するか、という点から、われわれの考察をはじめよう。

「躍進」の内容はつぎのようなものだ。四月二一日におこなわれた第一回投票の結果、ル・ペンが第二位の得票率（一六・八六パーセント）をえて、現職のシラク大統領（当時）とともに決選投票にすすむことになった。

フランスの選挙制度では、大統領は直接選挙でえらばれる。もし最初の投票で五〇パーセント以上の得票率をえた候補者がいない場合、一位と二位の候補者のあいだで決選投票がなされる。

ほとんどの人が、この決選投票にル・ペンが残るなどとは予想してなかった。社会党のジョスパン首相（当時）とシラクとの対決になるものとばかり思っていた（すべての世論調査会社もそれを前提にして決選投票をめぐるアンケートをおこなっていた）。それなのに、よりによって、人種のあいだの優劣を主張し移民排斥をとなえるル・ペンが残るなんて……。マスコミはこぞって政治世界の「地震」について語り、シラク候補は決選投票にむけて、人権と共和国の理念をまもるために結集するよう国民に呼びかけた。

結局、極右勢力を阻止するために左派もシラクに投票したおかげで、シラクは再選をはたした。それも、第五共和制史上、最高の得票率（八二・〇二パーセント）で（ちなみに、第一回投票でのシラクの得票率（一九・八八パーセント）は、現役大統領で出馬した候補者としては史上最低であった）。

こうしてフランスを揺るがせた「地震」も無事におさまり、「日常」がもどってきた。とはいえ、それで問題が解決したわけではない。シラクは、ル・ペン支持者たちを説得することで再選をはたしたのではなく、ただ数のうえで圧倒したにすぎないからだ。

ル・ペンに投票した人たちはそれなりの確信にもとづいてかれに一票をささげたのだろう。第一回投票から決選投票にかけてあれほど反ル・ペンの運動がフランス社会を席巻し、マスコミもかれの反民主主義的な立場を強調しつづけたにもかかわらず、かれの得票率や支持地域はふたつの投票のあいだでほとんど変化していない。一時的な気まぐれ以上の動機がそこには働いているのだ。いいかえるなら、かれらは、人権や共和国の理念にそむくと誰もがいうル・ペンの政策をあえて支持しているのである。したがって――シラクがそうしたように――かれらにたいして「共和国の価値」を形式的にふりかざすだけでは十分ではない。かれらの「確信」の内実に、すこし踏み込んでみる必要がある。

いったいル・ペンのなにが支持されるのか。まず指摘できるのは、治安（セキュリティ）問題についてのかれの考えである。

実際、二〇〇二年の大統領選では「治安の悪化」が大きなテーマとなった。ル・ペンだけではない。とりわけシラクが、ジョスパン左派政権を批判するための材料として「治安の悪化」をもちだし、治安対策を最優先課題にかかげるキャンペーンを強力に展開した。これにたいしてジョスパンは有効な反撃をすることができず、みずから敗因をつくってしまったところがある（「治安の悪化」そのものと「治安が悪化したという感覚」とを区別しなくてはならないというジョスパンの主張は、たしかにもっともなものであったが、選挙キャンペーンで必要とされる「わかりやすくて積極的なうったえ」の要素をそれはもちえなかった）。

他方で、ル・ペンはこの「治安の悪化」を外国人移民の存在にむすびつけるおきまりの論法で、シラクの治安キャンペーンに対抗した。移民を排除すれば治安もおのずと回復される、というあのロジックだ。ある意味で、シラクが提示する治安対策に満足できない層が、ル・ペン支持に傾いたといえるかもしれない。治安問題にかんしてル・ペンはつねにシラクの「上をいく」ような主張をしていたからだ。たとえば、シラクがかつてのジュリアーニ・ニューヨーク市政をまねて犯罪や素行不良にたいする「トレランス・ゼロ（容赦なし）」政策をうちだすならば、ル・ペンはすかさず「死刑復活」を公約するといったように。

とはいえ注意しなくてはならない。ここで、犯罪の増加や外国人の存在そのものが直接的にル・ペンの躍進をもたらした、と性急に考えてはならない。両者のあいだに機械的な因果関係を設定してしまうのは思考のワナだ。それは問題を単純化してしまうだけでなく、それを見誤らせる。もちろん、犯罪率がたかく外国人もおおい地域（パリやリヨンの郊外、地中海沿岸地域など）では、傾向的にル・ペンの得票率もたかい。しかし、だからといって「外国人犯罪がル・ペン支持を拡大させた」と素朴に結論してしまうならば、シラクがとったのと同じような方針に行きつかざるをえない。

シラクは「極右に票をうばわれたのは外国人による治安の悪化のせいである」という認識から、セキュリティの強化策によってその票をとり戻そうとした。結局そこにあるのは、治安問題をめぐるシラクとル・ペンの類縁関係である。どちらも外国人をスケープゴートにすることで問題を「解決」しようとするからだ。犯罪の増加と外国人の存在とを無媒介にむすびつける発想（ル・ペン）と、外国人犯罪を極右の台頭の原因とみなす発想（シラク）とは、じつは紙一重なのである。

こうした機械論的な見方には、しかし、重大な困難がふくまれている。

まずその見方では、なぜ外国人も犯罪もほとんど存在しないような地域（たとえばアルザス地方の小村）で軒並みル・ペンが高支持率をえたのかが説明不可能になってしまう。

とはいえ困難はそれにとどまらない。そこにはより本質的な問題がある。

機械的な因果説では、つぎの点がまったく不問に付されてしまうのだ。つまり、なぜル・ペン支持者たちにおいてはセキュリティへの不安が外国人排除という人種主義的なアイデンティティの要求に翻訳されてしまうのか。アイデンティティのシェーマが呼びだされる事態こそがル・ペンの言説を説得的にしているのであり、「外国人」による「犯罪」そのものがシステマティックに極右の台頭をもたらしているわけではない。そもそも、ある逸脱的な行為――犯罪――を人種的な枠組み――外国人――にむすびつけて理解すること自体、すでにアイデンティティのシェーマのバイアスをうけている（ある人間が犯罪をおかしたのは、かれが外国人だからなのか。しかしあらゆる外国人が犯罪をおかすわけではない）。

セキュリティの低下と外国人排除の命法とのあいだに無媒介的な因果関係があるのではない。これら二つの要素をともにリアルなものにするファクターこそ、問わなくてはならないのだ。

この点についてもう少し見てみよう。

さきに述べたように、ル・ペンは、移民がおおく犯罪率もたかい大都市の郊外で支持率をのばしている。問題は、こうした郊外がどのような地域なのか、ということだ。それはけっして、裕福層が都心の喧騒をはなれて邸宅をたてるような郊外ではない。そうではなく、都心における経済的・文化的な活動からはじきだされた貧困層が構造的に囲いこまれている郊外である。

そこでは、公共サービスをふくめた社会的なインフラが極端に不足している。学校は荒廃し、低家賃の公団住宅は朽ちるがままに放置され、医者は往診したがらない。仕事はなく、大量の長期失業者があふれている。（警察をふくめた）暴力の論理が支配的であり、ひとびとは日常的な「例外状態」を生きるよう強いられている。

特徴的なのは、そこでの住民は移動の自由をあまりもっていない、ということだ。まず、移動に必要な十分なカネが財布のなかにないということがある。しかしそれだけでなく、そうした郊外から都心へとつうじる経路ではつねに警察が監視しており、移動するたびに尋問にあう。さらに、かれらがべつの地区に引っ越そうとしても、危険な地区の住民であるというだけで入居をことわられる。

つまり、住民たちは劣悪な生活条件のもとに放置されると同時に、そこで発生する攪乱的な要素が外に漏れでないように実際に「囲いこまれている」のだ。貧困と非安全（insécurité）が集中するゾーンと、文化的で快適な地区のあいだに見えない壁が設置されているのである。まさにそれは、バリバールのいう「（国）内的境界（frontière intérieure）」だ。そこでの行政的な関心は、貧困地帯における生活条件を改善して社会を安定化することにあるのではなく、むしろその地域を見棄て、経済的・文化的に重要な地域から排除することで、セキュリティを確保することにあるのである。

この「見棄てられつつある」という感情こそが、ル・ペン支持のモーターとなっている。排除、の命法が力をもつのは、まさに、それじたい排除されかかっている地域においてなのだ。移民がおおく住むところで、かれらと同じような生活条件にあり、同じような非安全にさらされている状況のなかで、どうにかして、かれらとの「違い」をつうじて自分が「見棄てられた側」にいるのではないことを示したい……。社会的に排除されることにたいする恐怖が、自分にも備わっているはずの「栄光ある」アイデンティティを支えにしながら、そのアイデンティティをもたない他者の排除へと変換されるのだ。

ル・ペンの反移民の言説は、ますます困難な社会的状況にさらされつつある人びとに、かれらの帰属を示し、かれら以外に排除されるべき人がいることを教える。移民排斥のスローガンのうらにあるのは、「外国人の増加による治安の悪化」そのものではない。特定のアイデンティティをもたない人びとを犯罪者化することによって、みずからを排除から防衛することが、そこでの賭金となっているのである。

ル・ペンが支持される点はほかにもある。かれが一貫してEUに反対していることだ。「フランス人のためのフランス」とル・ペンがいうとき、そこには、移民の波からだけでなくヨーロッパ化の波からもフランスをまもる意図がこめられている。

じつは、EU反対の立場は、治安問題に負けず劣らずル・ペンへの支持をたかめている要素である。かつてマーストリヒト条約（欧州連合条約）の批准をめぐる国民投票において反対票が多数をしめた地域と、今回ル・ペンがたかい得票率をえた地域は一致する。ル・ペンがそこで代弁しているのは、左右の対立をいわば「超えた」ものだ。

マーストリヒト条約批准をめぐる国民投票では、右派だけでなく、共産党、社会党の主権派(シュヴェヌマン派)、極左の一部なども反対票を投じた(右派ではド・ゴール派の半分と極右が反対した)。結局このときは、五一パーセントの賛成で条約批准がきまり、EU統一通貨(現在のユーロ、当時はエキュとよばれた)へのフランスの参加が確定したのだが、EUのエリート官僚によって進められる「ヨーロッパ版グローバリゼーション」に抵抗をかんじる人びとは依然おおい。

二〇〇二年の大統領選においてル・ペンは、欧州統合に反対するそのカテゴリックな口調で、そうした人びとの支持をあつめた。ユーロがすでに社会に浸透した現在、EU問題について明確な態度をうちだせなくなっている共産党の票が、ル・ペンへとながれた理由がここにある(大統領選挙における共産党候補の得票率は、一九九五年の八・六パーセントから三・三九パーセントへと激減した)。

この場合のル・ペンの支持基盤は、左右の対立に立脚した伝統的なそれではなく、社会がより開かれたものとなることによって政治的・経済的・文化的……に打撃をうけてしまう層だ。「私たちの生活とは関係のないレベルでなされる欧州委員会の決定が私たちの生活を蝕んでいる」という感情にとって、ル・ペンのスローガン「国民的選好(préférence nationale)」は魅力的に響くのである。

ここから予想されるのはつぎのことだ。つまり、治安問題をつうじてにせよEU問題をつうじてにせよ、ル・ペンを支持する人びとのあいだには、一定の社会的特徴が見いだされるのではないか。じじつ、各種の調査がわれわれに示しているのはつぎのような傾向である。

まず社会的ステイタスとしては、ル・ペン支持者には失業者が圧倒的におおい。そこでは、学生や定年退職者、公務員、民間企業のサラリーマンなどにくらべて倍以上の支持率がある。つぎに職種としては、（工場）労働者の支持があつい。そこでの支持率は、事務職の勤め人とくらべると倍ちかい。労働者のつぎにおおい職種が、農業従事者や職人、小売店業者だ。ちなみにもっとも支持率がひくい職種は、フリーランスやホワイトカラーである。また一般的に、最終学歴のグレードがさがるほどル・ペン支持率はたかくなっている。年齢的にみると、二〇〇二年の大統領選でル・ペンは熟年層から老年層にかけて支持をのばしたが、むしろ特筆すべきは、一八－二五歳の若者層においてもっともたかい得票率を示しているのが極右だということだ。とりわけ、はやい時期に学校教育から離脱し、それゆえにきびしい雇用環境にさらされている若者のあいだで支持率がたかい。性別にかんしていえば、男性と女性のあいだには支持率に歴然とした差がある。男性の支持者が圧倒的におおいのである。

こうした傾向からどのような特徴を導きだすことができるだろうか。

一言でいうなら、身体をつかう労働に従事し、高等教育をうけておらず、収入もひくい庶民層が、ル・ペンの支持基盤になっている。かならずしも社会の最下層に位置するわけではないとはいえ、やはりマージナルでつつましい生活をおくっている人びとがル・ペン票の源泉になっているのだ。

かれらは、グローバリゼーションによって社会関係や富の生産のあり方がますます抽象的なものになってゆくなかで、そこからとり残されつつある人びとである。かれらは、高度化する社会において、仕事をつうじて（経済的にもステイタス的にも）活躍できる場をうしないつつあり、それによって社会的な無力感をつきつけられている。

こうした「とり残されつつある」という感情や無力感が（人種的）アイデンティティのシェーマを活性化させているのだ。「真の白人フランス人」というアイデンティティが社会的承認の不足を補うために呼びだされるのである。男性の支持者がおおい理由もここにある。失業をふくめた職業的な困難がそこでのモーターになっているからだ。こうした経済的かつ自己実現的な困難さのまえでは、「人種差別はいけない」といった言説は「キレイごと」として片付けられてしまう。「とり残されつつある」という感情が、「自分たちの取り分を横取りしている外国人移民」にたいする敵愾心へと、かれらを駆りたてるからである。

ル・ペンの支持層におけるこうした特徴は、しかし、比較的最近のものだ。ル・ペンはつねに庶民クラスから支持されてきたわけではない。

たとえば一九八八年の大統領選挙では、ル・ペンは失業者から票をあまりあつめていない。むしろ失業者からの支持は他の社会層からの支持にくらべると、とても弱い。また職業的にみても、（工場）労働者からの支持率はかなりひくく、反対にフリーランスやホワイトカラーからの支持率がたかい。地域的にも違いがある。当時は、高級住宅が建ちならぶ裕福な地区での票がおおいのだ。

こうした変化はル・ペン自身の言説においてもあらわれている。一九八八年といえば、まだ冷戦構造が「健在」だったときだ。共産主義の脅威からフランスをまもるというのがル・ペンの立場の基礎にあった。かれは、フランスを徐々に蝕んでいる（ように思われた）社会主義化の流れに対抗して――当時のフランス大統領は社会党のミッテランであった――「自由主義革命」をとなえていた。ときとしてかれは、みずからを「フランスのレーガン」と規定していたほどだ。

ところが現在ル・ペンの言説をいろどっているのは、自由貿易市場にたいする批判であり、「新たな保護主義」の要求である。そしてそれにともない、グローバル化をおしすすめるエリートへの批判や、国家を私物化する「腐敗した」既成政党への批判が前面にでてきた。ル・ペンによれば、こんにちフランスを支配しているのは、国際化（あるいは人権）の名のもとに権力や富やオピニオンを独占しているエスタブリッシュメントであり、そこでは、とり残された庶民はいかなる発言の場もない。いまやル・ペンはそうした民衆の声を代表するものとしてみずからを規定しているのであり、したがって「民主主義の実現」というスローガンですらかれの言説のなかに登場するのである。

ル・ペンの支持層もかれの言説も、冷戦終結をはさんだ一五年ほどのあいだにおおきく変化した。これは、極右政党のポジションがフランス社会において変わりつつあることのあらわれだ。

冷戦体制の崩壊からグローバリゼーションの時代をむかえて、極右はますますポピュリズム的なものに近づいている。

いいかえれば、ル・ペンが代弁する人種主義は、いまや、反革命に根ざした白人原理主義の伝統――二つの世界大戦のあいだにファシズム運動として結実したような――と（完全にではないとしても）手を切りつつある。もはやル・ペンに投票するのは、社会の「赤化」に恐怖をいだく純血主義のブルジョワジーではない。排除の境界線がゆらぐなかで、その境界線の付近に位置する人びとがル・ペンを支持しているのだ。そこではもはや、フランス人の優越性にもとづいてフランスの覇権的地位や役割を正当化することが期待されているのではない。そうではなく、人種的なアイデンティティに依拠することで排除の境界線を引きなおすこと、「正統なフランス人」である私（たち）が境界線の「こちら側」にいることを証明すること、国家が一部の特権層のものではなく私たちのものであることを明確に示すこと、こういったことがル・ペン支持をつうじて要求されているのである。

こうした変容をはっきりと顕在化させたのが、二〇〇二年の大統領選挙であった。ル・ペンは選挙キャンペーンのあいだ、つねに「自分（たち）は迫害されている」というポーズをとった。ル・ペンの躍進は極右のポピュリズム化によってはじめて可能になったのである。

だから、この選挙にかんして、ル・ペンの得票率の上昇にだけ目を奪われてはならない。大統領選挙におけるル・ペンの得票率は、一九八八年（一四・四パーセント）、一九九五年（一五・五パーセント)、そして二〇〇二年(一六・八六パーセント)と、コンスタントに上昇している。得票率の上昇ということだけに限っていえば、それは二〇〇二年の大統領選挙にだけあてはまることではない。しかしその支持の理由は一九八八年と二〇〇二年ではまったく異なるのだ。

その変化の裏にあるのは、たんにフランスにおける人種差別者の増大ということではなく、既存のエスタブリッシュメント(左派的なものも含む)になんらかの形でコミットメントすることができる層とできない層との明確な乖離である。あるいは、ますます国際化し高度化する社会のなかでなんらかの利益や活動の場を見いだすことができる層とできない層との乖離である。シラクとル・ペンの決選投票において対決したのは、まさにこの二つの層であった。

また、二〇〇二年の大統領選では極右だけでなく極左も得票率をおおきくのばした。既存の制度的枠組みからこぼれていく人びとは確実に増大している(社会党や共産党といった既成左派政党が——ル・ペンを阻止するために——決選投票でシラクへの投票を有権者に呼びかけたのにたいし、極左の候補者は投票をボイコットするよう呼びかけた)。

いまやル・ペンの支持基盤となっているのは、こうした「制度からこぼれてゆく」層である。それにともない、ル・ペンの言説もますます反エスタブリッシュメント、アンチ中央、アンチ国際エリートの側面を強めている。もともとアンチ中央の気勢のつよかったオック地方(フランス南部地方)でル・ペン票が伸びたのも、このことと無関係ではない。かつての極左の支持者がル・ペンに投票することもけっして珍しくないのである。

したがって、ル・ペンの躍進がフランスにおける社会民主主義勢力の衰退と重なっていることは偶然ではない。

一九九七年に社会党を中心に成立した左派連立政権は、社会のグローバル化がひきおこすさまざまな問題にたいして明確な方針をうちだすことができなかった。工場の閉鎖や海外移転にともなう解雇問題、不法移民にたいする滞在資格の認定問題、EUレベルにおける市場開放問題、公共サービスの民営化問題など、さまざまな問題で左派政権はおおくの支持者を失望させた。政策の目玉であった労働時間週三五時間制も、雇用を創出するという当初の目論見とはうらはらに、雇用形態のフレキシブル化・不安定化をまねいてしまった。そもそも、特定の企業に属しておらず、労働組合へと統合されてもいない職人、小売店業者、農業従事者、そして失業者は、この週三五時間制によってなんの恩恵もこうむっていない。これら「制度外」の人びとの生活条件がグローバル化のあおりをうけて悪化している事態にたいし、左派政権は無力であった。極右のポピュリズム化は、左派による社会制度再編の失敗にたいする埋め合わせでもあるのである（ちょうど東京都において、革新的な気運をになって登場した青島都政への失望がポピュリスト知事の誕生を準備したように[1]）。

1　二〇〇二年六月におこなわれたフランスの国民議会総選挙（九日に第一回投票、一六日に第二回投票）は、こうした左派勢力の後退を決定的なものにした。定数五七七のうち、選挙前の議員構成は、左派三一四議席、右派二四五議席（無所属五、欠員十三）であったのにたいし、投票の結果、左派一七八議席、右派三九九議席となった。シラクは、五月に大統領再選を果たしたのち、コアビタシオン（大統領と議会多数派のあいだで右派と左派がわかれること）を避けるために、右派勢力を糾合し「大統領多数派連合」を形成して総選挙にのぞんだ。結局、この戦略が功を奏し、大統領多数派連合だけで議会の絶対多数を形成できるようになった（ただし、すべての右派が多数派連合に参加しているわけではない）。

ところで、極右勢力はこの総選挙で一議席も獲得することができなかった。また第一回投票での得票率も一一パーセント強にとどまった。こうした総選挙の結果と、大統領選におけるル・ペンの躍進との落差は、なにに由来するのだろうか。いくつかの理由をあげることができるだろう。

まず、極右の運動はカリスマ的な人物（ル・ペン）の人気に依存しているということ。つぎに、総選挙の選挙制度は、一選挙区一議席の小選挙区制であり、既成のエスタブリッシュメント（政党）に有利にはたらくということ。そして、極右のスローガンをある意味で横領した大統領多数派連合の選挙キャンペーン（「一貫した政府による身近なレベルでの強力な治安対策」）が極右の支持層にもそれなりの説得力をもったこと。

しかし、これらの理由にもまして示唆的なのは、大統領選でル・ペンの支持率が高かった地域では、総選挙での棄権率が軒並み高かったということだ。もちろん、大統領選でル・ペンに投票した人が総選挙で棄権した人とかならずしも重なるわけではないが、地域的にははっきりとした傾向がみられるのである。ちょうど、ル・ペン支持者たちは、大統領選の決選投票における「国を挙げての」シラクの再選（＝ル・ペンの排除）をまえにして、投票をつうじて制度に参加することそのものを放棄してしまったかのようなのだ。いいかえるなら、総選挙における得票率の低下だけをもって、極右の問題がかたづいたと考えることはできない。

ヨーロッパのポピュリズム

以上のような極右のポピュリズム化の流れはフランスだけのものではない。他のEU諸国においても同じような傾向がみられる。

二〇〇二年夏の時点で、EU加盟国一五カ国のうち、極右ポピュリスト政党が政権に参加している国は四つをかぞえた。オーストリア、イタリア、オランダ、ポルトガルだ。またデンマークでは移民排斥党による事実上の政権参加がみられた。

これらの国のなかでも、国政にたいする極右政党の影響力がもっとも大きいのはオーストリアだろう。二〇〇〇年二月の総選挙で、ハイダー率いる自由党は二七パーセントの得票率をあつめた。自由党の連立政権への参加によって、オーストリア政府の内閣の半分がこの極右政党の政治家によって占められた。この自由党は、移民にたいしてだけでなくEUにたいしても敵対的だ（ただし党のリーダーであるハイダー自身はヨーロッパにおける極右勢力の連合を構想している）。二〇〇二年三月には、自由党のイニシアチブによって、外国人統合法案が提出され、同年七月に可決された（西ヨーロッパ以外の地域からの外国人移住者にたいしてドイツ語講習を義務づけ、四年以内に所定の課程を修了していない場合は、国外退去を命じることができるという法案）。

イタリアではどうか。イタリアでは当時、二つの極右政党が政権に参加していた。国民同盟と北部同盟だ。ジャンフランコ・フィーニを指導者とする国民同盟は、かつてのネオファシズム政党を母体として形成された（二〇〇一年五月の総選挙での得票率は一二パーセント）。他方、北部同盟は、経済的に優位にあるイタリア北部を南部から分離させることをめざす運動としてはじまった（同前四パーセント）。そこにあるのは、自分たちが産出した富を南部の人びとが――福祉政策をつうじて――食いつぶしているので、それを止めさせなくてはならないという主張だ。したがって、北部同盟の強硬な排外主義は、イタリア南部出身者をも射程にいれたものとなっている。

イタリアの特色は、政権に極右勢力が参加しているだけでなく、政権そのものがポピュリズムを標榜しているということだ。この政権のリーダーであるベルルスコーニは、イタリアにおけるメディア王でもあり、その政治立場は「メディア・ポピュリズム」と呼ばれている。二〇〇二年七月には、EU以外の外国人にたいして指紋押捺を義務づけ、また不法就労の移民を国外退去処分にすることを規定した新移民法が成立している。

ポルトガルでは、二〇〇二年三月の総選挙で、極右の民衆党が九パーセントの得票率をえて、社会民主党（中道右派）との連立政権を形成した。ここでも、ポピュリスト政党の前進は、社民勢力（一九九五年以来つづいた社会党のグテレス政権）の後退と対《つい》になっている。ちなみにこの民衆党は、セキュリティ対策の強化だけでなく、学校現場における国歌斉唱の実現をも政策課題にかかげている。

移民や難民の受けいれに寛容であったオランダでも、二〇〇二年七月に、反移民政党（ピム・

フォルタイン党）が連立参加する内閣が発足した。その直前の五月六日に暗殺されたリーダーの名前を冠したこの党は、五月一五日の総選挙で、下院一五〇議席のうち二六議席を獲得した（得票率は一七パーセント）。この党は、移民政策にかんするこれまでの「タブーを破った」という理由から急速に支持をあつめ、政党結成後わずか三ヵ月でオランダにおける第二党におどりでたのである。選挙期間中、この党は、人口の約二割に達するといわれる外国人移民の数をとりあげ、「オランダは満員」キャンペーンを展開した。政策としては、差別禁止をうたったオランダ憲法第一条の廃止や、EU内で禁止されている国境検問の復活を主張している。新内閣では、一四の閣僚ポストのうち、あらたに設置された移民問題担当相をふくめた四つのポストをフォルタイン党が占めた。発足と同時にこの内閣は、移民入国規制の強化、移民にたいするオランダ語講習の有料化、警察官の増員などの治安強化、健康保険や福祉関連の予算削減、などを政策目標としてかかげた。

デンマークの国民党は、二〇〇一年一一月の総選挙で一二パーセントの得票率をえて、第三党におどりでた。結局この極右政党は政権入りすることにはならなかったが、連立政権をくんだ自由党と保守党の総議席数（七二）が議会（一七九議席）の過半数に達しなかったため、二二議席を有するこの政党が「閣外協力」することで政権が運営されることになった。これは極右政党の実質的な政権参加である。これによって、デンマークにおける国内政治の中心課題は移民問題へとおおきくシフトした（そもそも政権党の自由党も移民規制を選挙キャンペーンにおける公約の一つにかかげていた)。二〇〇二年五月には、移民や難民の受け入れ基準を厳しくし、かれらへの社会保障手当も縮減する法案が国会で承認された。

ところで、「鉄の女」と呼ばれるデンマーク国民党党首のピア・ケアスゴーは、みずからの立場をル・ペンやハイダーのそれとはあくまでも区別している。自分たちはけっしてかれらのような極右ではない、というわけだ。とはいえ、この国民党がデンマークで支持をあつめている文脈は、フランスにおけるものととても似通っている。

まず、犯罪の増加と福祉政策の行き詰まりがともに外国人移民の存在とむすびつけられている点。このまま外国人が増えると治安だけでなく福祉も破綻してしまうのではないか、という不安が国民党への支持をひろげている。

つぎに、外国人移民がおおく住む郊外がゲットー化し、それが社会民主主義的な同化政策の失敗として考えられている点。宗教も文化もわれわれとは異なる以上、かれらにどれほど宥和的な同化政策を講じても無駄ではないか、というわけだ。一説によると、国民党に投票する人の四分の三が、かつては社民党に投票していたという。

さいごに、EUにたいする疑念が国民党の躍進をもたらしている点。デンマークはかつて(一九九二年六月)マーストリヒト条約の批准を国民投票によって否決している(その後、一九九三年五月に統一通貨への不参加などの条件つきで条約を承認)。統一通貨ユーロが実際に発行されたことで、デンマークではユーロへの参加をめぐる国民投票をふたたびおこなおうとする動きが活性化しだした。「ブリュッセル（にある欧州委員会）でなされる決定にたいして自律性をたもちたい」という意識が、国民党支持の背景にあるのだ。

以上が、二〇〇二年夏の時点で、政権に極右ポピュリスト政党が与していた、もしくは事実上与していた、五つの国である。しかしこれだけではない。当時、政権に参加こそしていないが政治的な影響力を拡大していた移民排外勢力は、ＥＵにおける他の地域にも見いだされた。

イギリスでは、二〇〇二年五月の統一地方選挙において、英国民党がバーンリー市議会で三議席を獲得した。「白人だけのイギリス社会」をめざすこの政党は――とりわけ「9・11」以降――治安の悪化をイスラム教徒の存在にむすびつけるキャンペーンを展開していた。

バーンリー市は　フランスの都市郊外と似たような意味で、こうしたキャンペーンが受容されやすい基盤をもっていた。マンチェスター近郊にあるこの工業都市には、パキスタンなどからの移民と低所得層の白人がおおく住み、工場の海外移転にともなって産業が空洞化しつつあったからだ。二〇〇一年には、この都市で移民と極右勢力との衝突があり、暴動にまで発展した。たしかに、英国民党がこの統一地方選挙で獲得したのは、改選された約六千議席のうちの三議席にすぎない。しかし、二大政党制によってつよく制度化された大英帝国の政治文化にとって、こうした「内向き」な移民排斥政党の「前進」はひとつの兆候であるにちがいない（ただしこの政党は一九九三年にいちど地方議会で議席をとったことがある）。

ベルギーにおける反移民運動は、おもに、かつての分離主義勢力（フラームス・ブロック党、現在はフラームス・ベラング党に改名）によって担われている。この民族主義政党は、一九七三年に結成された（一九七八年に分裂）。より経済力のあるオランダ語圏のフランドル地方を、フランス語圏のワロン地方から独立させるというのがその目的だ。この政党にとって、ワロン地方は文化も異なるうえに、福祉を食いつぶすだけの財政上の負担でしかない。ただし近年は、この政党も、独立運動から反移民運動へと力点を移している。極右政党のこうした出自によって、ベルギーにおける移民排斥運動はフランドル地方に集中するという傾向がある。この党の得票率は、ベルギー全土でみれば一〇パーセント程度だが、たとえばフランドル地方における第一の都市・アントワープの市議会選挙では三三パーセントにも達する。二〇〇二年の時点で、ベルギー下院一五〇議席のうち一五議席がこの党によって占められている。

ドイツでは九〇年代前半に、（とりわけ旧東ドイツ地域における）若者のネオナチ・グループが世論をさわがせた。しかしそうしたネオナチ勢力はさまざまな制度（たとえば、反民主的な団体の活動を禁止した結社法など）によって周到にマージナル化され、影響力を政治的な舞台にまで及ぼすことはほとんどなかった。しかし近年では、移民排斥をとなえるポピュリスト勢力が政府のポストに食い込みつつある。ハンブルク州の内務大臣ロナルト・シルがその代表だろう。かれがひきいる政党「法治国家の攻勢」は、「9・11」の直後（九月二三日）におこなわれたこの州の地方選挙で、強烈な排外主義的治安キャンペーンによって一九・四パーセントの得票率をあつめた。犯罪や非行をなした移民の国外追放、ニセの難民申請をみぬく毅然とした判断（とはいえかれにはほとんどすべての難民申請がニセモノに見える)、憲法における難民庇護権条項の削除、性犯罪者の去勢、こういったことがかれの主張をくみたてている。

もしわれわれがEU以外のヨーロッパにまで視野をひろげるならば、この極右リストはさらにつづくだろう。とりわけスロヴァキアやルーマニアといった東欧諸国では、ユダヤ人やそれ以外のマイノリティにたいする敵意をむきだしにした政党が三〇パーセントちかい支持率をあつめている。

また西ヨーロッパの非EU諸国でも、たとえばスイスでは一九九九年に、反移民、反ヨーロッパ、反国連をかかげた中央民主連合(党首クリストフ・ブロッハー)が二三パーセントの得票率をえて第一党になった(ただし二〇〇二年三月におこなわれた国民投票で、国連加盟が賛成五四・六パーセントで決定された)。

ノルウェーの事例も興味ぶかい。ノルウェーでは、所得の再分配にもとづく福祉的な税制への反対運動が、排外的なポピュリズム運動の母体となった。そこにあるのは、「税金を浪費するだけの人」——ますますそれは移民によって表象される——のために自分たちの生活を犠牲にしたくない、という感情だ。ノルウェーにおけるこうした福祉税制への反発は、西ヨーロッパにおけるポピュリズム運動のひとつの「はしり」だ。難民の本国への送還を主張している進歩党は、いまやノルウェーにおける第三の政治勢力となっている。[2]

ポピュリズムの特徴

排外主義的なポピュリズムはいまやヨーロッパのいたるところで勢いを増している。ただし、その内実は、それぞれの地域や国の状況に応じてさまざまだ。出自も、反税金運動であったり、分離主義運動であったり、ナショナリズムであったりと、多様である。あるポピュリズム政党のリーダーが、他国のポピュリズム政党のリーダーと比較されることを拒むということも珍しくない（たとえばオランダのピム・フォルタインは、みずからの運動がヨーロッパのあらゆるポピュリズム運動とは異なることをつねに強調していた）。

2　ちなみに、極右ポピュリズム勢力の台頭は、フランスだけでなくEU諸国全体のレベルでも、社会民主主義勢力の衰退と重なっている。一九九九年の時点では、EU一五カ国のうち一一カ国で左派が政権を握っていた。内訳は、左派政権が七カ国（スウェーデン、イギリス、ポルトガル、ギリシア、フランス、デンマーク、ドイツ）、左派と中道の連立政権が二カ国（イタリア、オランダ）、左派と保守との連立政権が二カ国（オーストリア、フィンランド）である。また、中道政権に左派が参加していたのが二カ国（ベルギー、ルクセンブルグ）あり、スペインとアイルランドだけが純然たる右派政権であった。
これにたいし二〇〇二年には、左派政権が四カ国（スウェーデン、イギリス、ドイツ、ギリシア）、左派主導による保守との連立政権が一カ国（フィンランド）に減少した。また、左派参加の中道政権も一カ国（ベルギー）となった。

こうした多様性は、ポピュリズムという概念そのものがもつ無規定性に由来するだろう。ポピュリズムの概念は、いかなる政治的主張もポジティヴな仕方ではさし示していない。「右」的なイデオロギーだけでなく「左」的なイデオロギーもポピュリズムの内実を充たすことができる。極言すれば、ポピュラー（民衆的）なものに根ざした政治運動ならば、すべてポピュリズムと形容することすらできるのだ。

したがって、ポピュリズムという言葉を乱用して、ヨーロッパにおけるさまざまな政治的動きを単一的なイメージに還元してしまうことは避けなくてはならない。それは不当な一般化だ。筆者も、ヨーロッパのいたるところで同一的な現象が生起しているというつもりはない。

とはいえ、これまで瞥見してきた（とりわけ西ヨーロッパの）諸潮流のなかには、ポピュリズムという同一の概念をもちいることを可能にするような、共通の特徴があることもまた事実である。その特徴とはなにか、というのがここでの問題となる。その問題を考えることで、こんにちポピュリズムと呼ばれる政治運動の内実は、多少なりとも明確化されるにちがいない。

まずいえるのは、これらの運動が――明示的にせよ暗示的にせよ――民衆（ピープル）を不可欠な参照項にしているということだ。それらは、民衆の「本音」や「真の利益」を代弁するものとしてみずからを位置づけている。こうした位置づけはある政治運動がポピュリズムであることの本質的な要件であるが、問題は、そこで引き合いにだされる民衆とはどのような民衆か、ということだ。

なによりそれは、現行の政治システムを独占しているエリートに対置された民衆である。つまり、一方には、民衆の利益をかえりみることなく国家を私物化している「腐敗した」テクノクラートや既成政党があり、他方には、既存の政治制度のなかでいかなる代表の場ももっていない民衆がいる。ポピュリズムとよばれる運動の基礎にあるのは、こうした二項対立的な図式にほかならない。この図式からエリートやエスタブリッシュメントにたいする批判がでてくる。ただし注意すべきは、この図式には搾取や支配といった（階級的な）テーマは不在だということである。

ところで、こうした図式が説得力をもつのは、「もはや国家はわれわれ民衆のものではなくなっている」という感情を背景とすることによってだ。つまり、そこでの民衆とは「本来なら国家の主体であるべき民衆」のことなのであり、権力や権益から疎外されてさえいれば誰でもなれるような民衆ではない。ポピュリズムにおいて、民衆であるためにはすでに何がしかの資格が必要なのだ。

民衆の「真の声」を問うことが「真の民衆」を問うことへと容易に転換してしまう理由がここにある。ポピュリズムは、民衆の利益を実現しようとする運動であると同時に、誰が民衆なのかという問いに答えようとする運動でもある。エリートが批判されるのも、まさにこの点においてだ。というのも、エリートたちは「キレイごと」を並べながら「民衆ではない人（＝外国人）」にまで利益を分配するからである。ここから、民衆の「本音」によって政治的「キレイごと＝タブー」をうち破ろうとするポピュリズムの傾向がうまれてくる。

したがって、これまで見てきた西ヨーロッパの諸運動において、「民衆の利益を損なう者」がアイデンティティのシェーマをつうじて表象されることはけっして偶然ではない。そこでは、特定のアイデンティティをもつことが「利益の受益者たるべき」民衆の条件となっている。民衆であるための資格がアイデンティティのシェーマによって規定されるのだ。

ただし、そこで要求されるアイデンティティはかならずしもナショナルなものとはかぎらない、ということは注意しておこう。たとえば、ベルギーの分離主義ポピュリストにとって民衆とは――ベルギー人一般ではなく――フランドル人であり、イタリアの北部同盟にとってイタリア南部の貧困層はおなじ民衆には属さない。フィンランドにおけるポピュリズムが福祉的な税制にたいする反発から生じたように、これらの運動では国民的な連帯そのものが攻撃の対象となっている。

むしろ、現代のポピュリズムが立脚する同一性《アイデンティティ》の原理とは、広い意味における人種主義《レイシズム》だ。それは、肌の色の違いだけを基準とするのではなく、むしろ宗教や生活習慣、または経済的ステイタスといった違いに力点をおく文化主義的なレイシズムである。ナショナルな同一性がグローバリゼーションによってますます見えにくくなるなかで、人種主義はその見えにくさを補いにやってくるのである。

さきの二項図式にもどろう。

この図式が示すのは、国家をつかさどるエリートと民衆との乖離（の意識）がポピュリズムのモーターとなっている、ということだ。したがって、そこでのスローガンは「国家をわれわれ民衆のもとへ」というかたちになる。民主主義との親和性がここにはある。

ポピュリズムが力をもつのは、まさにそれが――「民衆」の排他的な形態のもとであれ――民主主義を要求するからにほかならない。しかもその民主主義は、極度に理想化されている。統治するものと民衆のあいだにいかなる距離も媒介も認めないからだ。ある意味で、ポピュリズムは民主主義が機能不全になっているところで、それにたいする欲求不満をバネにしてうまれてくる。汚職の絶えない既成政党への失望や、保身を優先する官僚への憤りが、その不満の底にはあるだろう。また、民衆がかかえている諸問題を既存の統治者が解決できないという無能さへの不満もあるだろう。そうしたフラストレーションが、国家の論理と民衆の利益とが一致するような理想へと人びとを駆りたてる。そのヴィジョンはだから、どれほど内向きなものであれ、「民主主義への渇望」のひとつの屈折した表明ではあるのだ。

こうしてポピュリズムは、二つの方向で「夾雑物」をとり除く運動としてあらわれる。まずは、国家と民衆のあいだにある障碍をとり除く運動として。そこでは、テクノクラートや汚職政治家、既成政党、労働組合、銀行家、そして「国家に口をだす」国際機関などが攻撃の的となる。

つぎに、民衆が国家から受けとるはずの保護や利益を不当に横取りしている「よそ者」を民衆内部からとり除く運動として。「福祉や安全を食いつぶす移民」がそこでの攻撃対象だ。アイデンティティのシェーマはこのとき、「よそ者」を同定し排除するための恰好の根拠をくみたてる。

こんにちのポピュリズムの特徴は、既得権益によって肥太った特権層を批判すると同時に、よりマージナルできびしい生存条件にさらされた外国人移民をも攻撃するところにある。そこでは、エスタブリッシュメントと社会的マイノリティの双方に敵意がむけられるのだ。

こうした特徴は、ポピュリズム運動をささえている感情の裏返しでもあるだろう。「このままでは社会からとり残され没落してしまうのではないか」という不安、「国家は今後われわれの手から離れていってしまうのではないか」という危惧、「(社会保障《セキュリティ》をふくめた)セキュリティの退行の皺寄せを押しつけられているのではないか」という被害意識。こういった感情が、国家との一体性をことさらにもとめる運動へと人びとを駆りたてるのである。

結局、ポピュリズムは、こうした危機意識を埋めるために、政治的な諸問題を極度に単純化してしまう。そこで提起されるのは、「民衆の生活をおびやかす悪のモメント」というモデルである。この悪は、なによりも、「富を産出することなく、治安をみだし、福祉をむさぼる」外国人移民として表象されるだろう。しかしそれだけでなく、国家を私物化しようとするよこしまな政治家や官僚、そして国家を骨抜きにしようとするEUや国連などの国際機関もそこに含まれる。ポピュリズムにとっては、こうした悪の存在こそがあらゆる問題の原因なのであり、したがってそれらの悪さえいなくなればすべての問題は解決される。

ポピュリズムはだから、最終的には政治そのものの否定へと行きつくだろう。問題への介入によってではなく、問題そのものの除去によって、それは問題を「解決」しようとするからである。

ポピュリズムと国民国家

現在のポピュリズムをつうじてわれわれが目にするのは、国家へのつよい呼びかけだ。ポピュリズムの担い手たちは、国家がもっと自分たちの側にいてくれと願う。かれらがめざしているのは、国家が「誰の」ものであるのかを明確に示すことであり、国家が「誰の」セキュリティや生存を守るために存在しているのかを国家の行動そのものによって証明することである。

そうした要求の裏にはセキュリティにたいする不安や危機感が潜んでいることをわれわれは見てきた。ただしそのセキュリティとは、治安という意味でのセキュリティだけでなく、これまで国家によって担われてきた社会保障（sécurité sociale）という意味でのセキュリティでもある。ポピュリズムの担い手たちにとって、外国人移民は治安《セキュリティ》を破壊する者であると同時に、社会保障《セキュリティ》を食いつぶし破綻させてしまう者でもある。つまりそこでは、生存をめぐる諸条件の全般的悪化にたいする不安がポピュリズムの要求へと「翻訳」されているのだ。

ここで問題にしたいのは、こうした翻訳の可能性をささえる歴史的な文脈である。特定のアイデンティティを付与された「民衆」の名において国家への呼びかけがなされる事態とは、どのような歴史的状況にかかわるものなのか。

まずは国家を一般的な水準で理解しておこう。

国家とはなにか。国家の本質はつぎの運動に存している。つまり、物理的な実力の優位にもとづいて人びとから富を徴収するという運動だ。

どれほどソフィスティケートされた形態においてであれ、国家の基礎にあるのは「恐喝」である。この点では、国家はマフィアやヤクザとなんの区別もない。暴力の行使可能性をちらつかせながら人びとをおどすことで（「逮捕するぞ」）、かれらが産出した富を租税というかたちで徴収し、そしてその富を利用しながら物理的実力そのものを維持・強化してゆく。国家の存在をくみたてているのは、物理的実力（暴力）と富の徴収とのあいだのこうしたサイクルだ。このことは、外部からの侵略によって成立した国家であれ、住民の「意志」によって建設された国家であれ、かわりがない。富の徴収による物理的実力の構築そのものが富の徴収を可能にする、という図式じたいは、民衆の合意があろうがなかろうが、国家を駆動させている事実的な要件なのだ（この意味で、「国家の暴力装置」という言い方はそれほど的確なものではない。トートロジーだからだ。国家とは暴力装置そのものであり、その装置のまわりで――国家形態の発展にともなって――さまざまな機能が分化してきたと考えるべきである）。[3]

こうした国家の本質からつぎの点が導きだされる。すなわち、国家の形態は、物理的実力の行使をささえるテクノロジーと、徴収すべき富が産出される仕方という、二つの要素によって規定される。

物理的実力にもとづいて富を徴収する国家にとって、テクノロジーや生産様式は、その運動が展開されるさいの支えであり環境である。その環境の変化に応じて、国家はさまざまな形態をとるのだ。一方には、身体の力能をひきのばすテクノロジー（攻撃するための武器、見るための装置、伝達するための通信技術、情報を管理したり処理するための技術など）の発達があり、他方には、富をうみだす経済活動の様態の変化がある。国家にはそれ自体の歴史があるが、その歴史性をもたらす物質的な基礎となるのは、これら二つの系が織りなす複合的なプロセスにほかならない。

ただし注意しよう。国家の形態がテクノロジーと生産様式によって規定されるとしても、それはけっして、国家がそれらのたんなる受動的な反映であるとか、国家の存在がそこに還元されるとか、そういったことを意味するわけではない。

なぜなら、国家が暴力を組織化し、物理的実力をたくわえる活動にはそれ固有のロジックが含まれているからだ。また、国家とテクノロジー・生産様式との関係というのは、あくまでも運動

3　とはいえ、ここからただちにさまざまな問題が噴出してくる。マフィアやヤクザ組織とは異なり、国家だけが合法的に暴力を行使し富を徴収することができるのはなぜなのか。なぜ人びとは国家の暴力を、他の暴力とは異なる「正しい」ものとして受け入れるのか。暴力を背景にした富の徴収が国家の本質であるならば、住民の意志によって国家が建設されたという通俗的な国家観はどこまで妥当なのか……。こうした問題について、詳しくは拙著『国家とはなにか』（以文社、二〇〇五年）、『カネと暴力の系譜学』（河出書房新社、二〇〇六年）を参照されたい。

とそれを支える環境という関係であり、そこでは国家はみずからの運動をつうじて環境そのものに働きかけ、それを改編することができる。実際、国家の運動によって、テクノロジーの発展が促進されたり方向転換させられたり、また生産関係が固定化されたりすることがある。だからテクノロジーや生産様式による規定というのは、あくまでもそれらの要素による「条件づけ」として考えられなくてはならない。

ここでつぎのような疑義が提起されるかもしれない。こうした国家のとらえかたは、フーコーが練りあげた(中心なき)ミクロな権力諸関係のモデルと矛盾するのではないか、と。

矛盾しない、というのがその答えだ。

フーコーは権力関係を「諸行為をめぐる行為の様態」[4]と規定している。つまり、行為にたいする行為の働きかけによって、特定の行為関係の布置がうまれるところに権力は見いだされる。ところで、国家が物理的実力を行使できるのは——その実力がどれほど「物象化」したものであろうと——一定数の人びとの行為が協働することによってでしかない。つまり、国家の成立にとって、行為の関係が特定の様態のもとで組織化されることは本質的な事態なのだ。フーコーはいう、「国家は権力諸関係の制度的統合のうえに成り立っている」[5]、と。行為(連結)の様態を画定する権力関係そのものの制度化によって、物理的実力にもとづいた富の徴収も可能になる。「ミクロな権力」のモデルを対置することで国家の問題が片づくなどと、素朴に考えることはできないのだ。

ところで、最終的には暴力にうったえることで富を強制的にとりたてるという基本原理は、国家自身につぎのことを要請するだろう。つまり、租税を徴収しようとする地域から対抗的な暴力を排除するか、抱きこむということを。

ひとつの地域でいくつもの武力集団がせめぎあっている状態は、けっして富の安定的な徴収をもたらさない。油断すれば、ライバル集団に富をもっていかれてしまうからだ。支配の安定性と租税の取りたての安定性は一致する。国家はだから、自分だけが暴力をもちいてもいいということを、実力によって、つまり他のエージェント（行為主体）による暴力の行使を実際に抑止し取り締まることによって、示さなくてはならない（道徳的な正当性はそのあとでやってくる）。いいかえるなら、その地域で発生するさまざまな暴力や不服従を抑えこみながら自分だけが暴力への権利をもつということを実効的に主張することに成功したエージェントが、その地域の富を利用しうる国家の地位を手にいれることができるのである。ここにあるのは、他者が行使する暴力の犯罪化と、暴力への権利の独占とのパラレルなプロセスだ。

治安の概念がこうしてうまれてくる。治安とは、一義的には、富を徴収すべき地域から実力行使の契機をなくし、暴力をもちいることができる審級をその地域で一元化することで、国家がよ

4　DE, IV, p. 239, 邦訳第九巻二七頁
5　VS, p. 127, 邦訳一二四頁

りスムーズに租税をあつめられる状態、を意味しているのである。

ポピュリズムの問題にもどろう。

すでに見たように、現代のポピュリズム運動には、「国家はわれわれのために治安を守るべきだ」という要求が込められている。一義的には国家のためのものである治安を、なぜ民衆がみずからのために国家にたいして要求するのか、あるいは要求できるのか。

じつは、ポピュリズムのこうした要求は国家のひとつの歴史的形態を前提にしている。国民国家とよばれるものがそれだ。国民国家とはまさに、国民として同定された住民全体が国家の主体となるような国家形態にほかならない。いわばそこでは、富を徴収する側と徴収される側とが――フィクティヴな仕方であれ――一体化しているのである。物理的実力を行使する審級とそれによって支配される審級との一致といってもいいだろう。この一致によって、暴力の行使も、税の取りたても、そして治安の維持も、国家のためだけでなく、民衆のためのものとなる。「われわれのために治安を守れ」という要求を国家にたいしてなすことができるのは、こうした一致を前提とするかぎりにおいてだ。

したがって、ポピュリズムが依拠する「民衆」は、「国民として国家を担うもの」というコノテーションを必然的に帯びることになる。その「民衆」が人種主義的なアイデンティティをもつ理由もここにある。ある地域の住民が国民として同定されるためには、人種主義的な観念や制度を通過しなくてはならないからである。

もちろん、こうした国家形態は、歴史的には非常に特殊なものだ。ある地域の住民全体が、身分差をもたない同質的なグループとして国家の成員となる政治体制は、国民国家以前にはほとんど存在したことがなかった。それまでの歴史の「常識」では、国家をになう軍事集団（貴族や武士など、かれらは富を生産する活動に従事する必要がない）とそれ以外の住民のあいだには乗り越えがたい身分的な差異が穿たれており、両者のあいだの融合は本来的にはありえなかった。国民国家は、その身分的な垣根をとり払うことで、住民たちを同質化し、潜在的な国家暴力の担い手としたのである。さまざまな制度がそのために創設された。国語の制定、徴兵制、義務教育、普通選挙制、そして不平等や生活格差を是正しながら住民の生存をささえるための社会保障制度。これらの制度が漸進的に導入されることで、民衆と国家が一体化するような政治体制は形成されていったのである。

とはいえ、その形成プロセスは、民衆にとって、軍役を強要されるということだけにはおさまらない「ポジティヴな」側面をも含んでいたということには注意しておこう。

たとえば、国民化をつうじて民衆は、国家の決定過程に建前的にせよ参加することができるようになり、場合によっては国家機構の役職につくこともできるようになった。また、たんに富を徴収されるだけでなく、国家の成員として生存の保障をある程度は国家からうけられるようになった。そしてなによりも、国家の実力行使の主体となることで、国家がもちいる暴力に正面から対峙させられる必要がなくなった。国家の物理的実力にたいする全面的な服従か、死をかけた反抗か、という二択状態からの脱出である。

要するに、国民となった民衆は、もはや受動的な被支配者であることをやめ、国家がつくるセキュリティをみずからのものとして「あてにする」ことができるようになったのである。くりかえせば、ここでいうセキュリティとは、たんに治安という意味でのセキュリティだけでなく、不慮の事態にたいする生活の保障という意味でのセキュリティでもある。

また他方では、国家のほうも、国民的な形態へと生成することで、多くの民衆をみずからの実力行使へと動員することができるようになった。これは、国家の物理的実力を増強させるという効果をもつだけでなく、内戦のリスクを大幅に減らす。民衆の大部分が国民として国家の側につくことで、国家による合法的暴力の独占はより安定化するからだ。国家はもはや民衆を支配するためにかれらと対立する必要がない。フーコーがコレージュ・ド・フランスでの講義でのべたように、国家は「社会そのものを防衛する」ようになることで、「社会からみずからを防衛する」ことをしなくてもよくなるのだ。[6]

国家の国民化のプロセスとは、暴力にもとづいた支配が——フーコーなら規律権力や生‐権力とよぶような権力のあり方とむすびつくことで——ますます不可視に、「穏和」になっていくプロセスであった（残酷で見世物的な身体刑がなされなくなったのはそのためだ）。民衆たちが国家と一種の「セキュリティ協定」をむすぶことができるようになったのは、まさにこうしたプロセスにおいてである（ただし、このようなセキュリティ上の「利点」はあくまでも国民として同定された民衆にとってのものであり、国内のマイノリティや、その国家によって侵略された地域の民衆は、国家と民衆の一体化そのものがひきおこす残酷さの犠牲となった)。

現代のポピュリズムが体現しているのは、国家と民衆のあいだに歴史的にむすばれてきたセキュリティの絆を、民衆の側から締め直そうとする運動にほかならない。しかしじつは、こうした民衆からの要求じたい、国家がもはや国民的なものではなくなりつつあることのひとつのあらわれだ。国家はいまや、国民全体の生存条件をめぐるセキュリティの保障にますます無関心になっている。

二つの大きな要因があるだろう。

一つは、国家の物理的実力をささえるテクノロジーのさらなる発達である。軍事装置の超ハイテク化は、国家の軍事行動のために国民全体が動員される必要性をなくしてしまった。ますます加速するEU諸国のあいだの軍事統合が示しているのは、国民という単位で担うには現在の軍事テクノロジーはあまりに高度で強大である、ということにほかならない。[7]

この点で、近代徴兵制をつくりだしたフランスで二〇〇一年に徴兵制が廃止されたのは象徴的な出来事である（議会で可決されたのは一九九七年）。徴兵制でおこなわれていたのは武器の扱い方の習得だけではない。識字率の検査や、基礎科目の再教育、規律をつうじた生活習慣の改善、

6　Cf., Michel FOUCAULT, « *Il faut défendre la société* » : *Cours au Collège de France. 1976*, Gallimard-Seuil, 1997

といった「生活の面倒」も同時になされていた。徴兵制はコストがかかるわりには、現在のハイテク軍事が要請するような兵士を育成できない。

また二つ目の要因として、国家が徴収すべき富が生産される様態の変化がある。経済活動のグローバル化と抽象化は、領土内における民衆全体を質のよい労働者へと育成しながら生産性を向上させるというやり方を無効にしつつある。工場は経費の安い国外へと移転し、領土内には労働者をつかう場は減少している。いまや富の徴収にとって重要なのは、自国にある企業の指揮本部と国外の生産拠点、そして市場をつなぐネットワークを防衛することであり、また、浮動性のたかい金融資産が国外へと流出しないよう資本所得にたいしては減税をしながら、流動性のひくい民衆の生活にかかわる福祉的な税制上の配慮（いわゆる再分配政策）をなくしていくことである。

国家はいまや、軍事的にも経済的にも、国民という形態に依拠する必要性から脱しつつあるのだ。国家にとって、領土内における住民全体の生存条件を整えることは、見返りのすくない非効率的な作業となりつつあるのである（念のためにいえば、国家が国民的なものではなくなりつつあるからといって、フランスやイタリアといった現在の国家の単位がただちに消滅するわけではない。国民的なものではなくなっても国家は存続する。問題はあくまでも国家形態の変容である）。

ポピュリズムによる「国家への呼びかけ」は、現在の国家の脱国民化にたいするひとつの反作用にほかならない。その運動をうみだしている不安感は、国民国家のもとでむすばれていた民衆と国家のセキュリティ上の絆がほころびつつあることに起因している。そのほころびをむすび直そうとして、ポピュリズムは、国民であるための核となる人種的アイデンティティへとますます傾斜しているのだ。

7　EUにおける軍事統合は、冷戦終結後、欧州独自の外交・安全保障体制を確立しようとするEU主要国と、NATO（北大西洋条約機構）の再編強化をつうじてヨーロッパにおけるみずからの軍事的プレゼンスを維持しようとするアメリカとのあいだで、それぞれの思惑がせめぎあうなかで進行している。アメリカにとってNATOは、たんにグローバル化した世界を管理し、自由主義陣営の利益をまもるという役割を担っているだけではない。さらに、ヨーロッパ独自の軍事・外交システムの発展を抑制するという役割をも担っている。コソボ紛争へのNATO軍の介入（一九九九年）は、冷戦後の世界においてNATOがどのような新しい役割を担うのかを世界——とりわけヨーロッパ——に認知させ、また他のNATO加盟国軍にたいするアメリカ軍の圧倒的なヘゲモニーをみせつけた。

そうしたなか、アメリカにたいする軍事的・外交的自立性を確保するために、EU内でさまざまな制度上の統合がすすめられている。まず機構面では、欧州安全保障防衛政策（ESDP）が強化され（二〇〇四年の欧州防衛庁設立もこの流れのなかにある）、一九九九年にEU緊急対応部隊の創設が合意され、二〇〇〇年には西欧同盟がEUへと統合された。また軍需産業面でも、アメリカの巨大軍事企業と競合していくために、それまでは国家の主権にかかわるということで各国の国策のもとにあった兵器開発が欧州規模で統合されていった。たとえば戦闘機ユーロファイターや偵察衛星監視システムの共同開発、欧州航空防衛宇宙会社（EADS）の設立、などである。最新の軍事テクノロジーを我が物とし、こんにちの軍事帝国アメリカの独壇場から抜けでるには、EU内の国民国家のひとつひとつはあまりに小さな単位であるのだ。

「ほころびをむすび直す」という意味では、ポピュリズムは、過去のものとなりつつある国民国家へのノスタルジーにみちた運動であるだろう。それは、こんにちのグローバル化した社会をまえに「零落しつつある小市民」がおこす既得権の防衛要求である。

しかし、その防衛要求が人種的アイデンティティをつうじてなされるという点では、ポピュリズムはたんなる回顧的で後ろ向きな運動にはとどまっていない。それは、国民的なものから離陸しつつある国家にたいして構成的な役割を果たしてもいるのだ。

脱国民化しつつある国家にとって、領土内の住民全体というのはもはや特権的な準拠枠ではない。つまりそこでは防衛すべき社会空間が領土的な空間と一致しなくなっているのだ。自国にある多国籍企業の指揮本部と国外の生産拠点をむすぶネットワークもその一例である。ポピュリズムは、セキュリティの問題を人種的アイデンティティのシェーマとむすびつけることで、国家が領土的な枠組みに準拠せずに暴力を組織し実力行使をする可能性をひらく。くりかえすなら、そこで表明される人種主義は、道徳や信仰、勤勉さ、犯罪への親和性といったものをおもな基準とする文化主義的なレイシズムである。

ポピュリズムの要求は、国家が領土的枠組みをこえてセキュリティを追求することを加速させる。この点では、ポピュリズムは脱国民化する国家と共犯関係にあるのだ。

ポピュリズムのこうした両義性は、ナショナリズムが国民国家のあとにどのように生き残っていくのか、ということをわれわれに教えるだろう。

こんにちのポピュリズムが国民国家をみずからの要求のモデルにしていることはすでに見た。特定のアイデンティティをもった民衆が国家の主体となるべきだと主張する点で、ポピュリズムはナショナリズムと連続的な関係にある。しかし同時に、ポピュリズムはナショナルな要求を貫徹しようとすればするほど、人種的なアイデンティティにアクセントを置かざるをえない。これは、民衆が国民へと生成する過程でうけとってきたさまざまな「利点」が現在では消滅しつつあることに起因している。つまり、国民的な連帯や扶助を可能にした諸制度が機能しなくなったところでなされるナショナルな要求は、人種主義的な性格を強めていくのだ。

ナショナリズムは、「出自・生まれ」をアイデンティティの根幹におきながらそのアイデンティティをもたない人びとを非ノーマル化しようとする点で、もともとレイシズムと内在的な関係をもっている。国民国家に制度的に立脚できなくなったナショナリズムは、そのレイシズムの契機を活性化させることで、国民形態が機能不全になったあとも延命してゆくのだ。

脱国民化していく国家が——逆説的にも——ナショナリズムを利用しうる根拠がここにある。ナショナリズムは、国家が国民的なものを特権的な参照項にしなくなったからといって、ただちに退場するわけではない。国民へのノスタルジーにみちたポピュリズムが、それでもなお新たな国家形態の変容において構成的な役割を果たす地点、それが（人種主義化した）ナショナリズムの活動の場だ。国家は、社会保障や税の再分配といった国民的な諸制度がもたらす「あしかせ」をとり払うためにすら、ナショナリズムを利用する。

だから、国民国家を批判することでナショナリズムをも同時に批判できると考える大雑把な発想はもうやめなくてはならない。国民国家とナショナリズムは相互に依存的な関係にあるとはいえ、両者の外延はおなじではない。国民国家は国家の一形態にかかわるのにたいし、ナショナリズムはアイデンティティのシェーマにかかわっている。

重要なのは、いまや国民形態から離脱しつつある国家が、そこからなにを継承し、なにを捨て、なにを利用しようとしているかを見定めることだ。そして、その国家が新たにどのような仕方で物理的実力をたくわえ、行使していくのかを見極めることである。

現代のポピュリズムがあらわしているのは、脱国民化する国家によって見放されつつある人びとが、その国家に脱領土的な実力行使の指針をあたえているという事態だ。国家による「国民の超克」をつうじて民衆のあいだに生じた「セキュリティ格差の増大」が、ますます超国民的なセキュリティ管理を加速させていく事態であるといってもいいだろう。こうした逆説的な事態に目をつぶるかぎり、国民国家を「超える」試みがあらたな残酷さを準備してしまう危険はつねに残るのである。

理論

フーコーの方法
——権力・知・言説——

権力の概念

われわれの行為はさまざまなものによって支えられ、かつ規定されている。たとえば、歩くという行為は安定的な地盤があってはじめて可能となる。水のうえや空中で歩くことはできない。また、歩くときのその仕方は地盤の形状にしたがって変化する。上り坂なのか下り坂なのか、あるいは水平なのか、段差があるのか、滑りやすいのか、雪や砂のうえのように足がとられるのか、といったことで歩き方は変わってくる。つまり、歩くという行為は地盤によって支えられ、かつ規定されるのだ。

同様に、ボールをける場合、ボールの質量や弾力といった性質に支えられ、規定されることで、はじめてボールは飛んでゆく。重くて堅い岩をけり飛ばすことはできない。

あらゆる行為は、それを支えるものとの関係のなかでのみ遂行される。行為の実現とは、身体と他のものとの関係が定められ、確立されるということにほかならない。他のものといかなる関係ももたない行為はありえない。どれほど自律的で「自由意志」にもとづいているようにみえる行為でも、例外ではないだろう。たとえば、腕をただ振るという行為ですら、空気中の抵抗や重力といった要素との関係のなかでのみ実現される（水のなかで腕を振るとき、その行為は空気中とはべつの抵抗や重力と出会うことになる）。

行為の遂行とは、意志の実現というよりは関係の実現として考えられるべきものだ。意志が行為のモーターであると素朴に想定することはできない。じじつ人間は、意志をもとうがもつまいが、つねになんらかの行為をしている。

行為をなりたたせるもの、それは身体と他のもののあいだ、関係のなかにある。行為のあり方はその関係によって規定されるのだ。

では、身体と他のものとの関係は、なにによってくみたてられているのだろうか。広い意味で「力」と呼ぶことができるものによって、である。

ここでいう力とは、外部のものになんらかの仕方で作用をおよぼすような力だけを意味しているのではない。さらにそれは、特定の作用を感受する能力、といったものも意味している。たとえば、光を感受する物質によって組成された眼の能力も、この場合ひとつの力だ。ちょうど、鉄球が磁石に引き寄せられるという運動において、両者の関係は、磁石がもつ力（磁力）によってだけでなく、「磁力を感受する」という鉄球の能力によってもくみたてられているように。

ひとつの行為は、身体と他のものとの関係を成立させる力の複合的な布置をつうじて実現される。力の諸関係こそが、行為を可能にし、条件づけ、そのあり方を規定するのだ。特定の布置をもった力の関係が存在することは、行為がなされるための可能性の条件をなす。もちろんそこでは、身体もまたひとつの力の複合体として、つねにすでに力の諸関係のなかに参与している。ところで人間の行為は、他のものとの関係によってだけでなく、他者の行為との関係によっても条件づけられ、規定される。

たとえばつぎのようなケースが考えられるだろう。他者から力ずくで腕を押さえつけられた場合、押さえつけられたほうはその他者の力を上まわる力を発揮できないかぎり、腕を動かすことはできない。

あるいはつぎのようなケースもある。工場などで労働者がちゃんと働いているかどうかを監視する、というようなケースだ。この場合、労働者たちの働きぶりは、監視するという他者の行為によって規定される。監視されているときには労働者はマジメに働き、監視が解かれたとたん労働者はサボりはじめる、というように。

労働者を働かせる側にとっては、だから、つねに労働者を監視すべし、ということになるだろう。しかしつねに労働者を監視するのはコストがかかる。そこで編みだされたのが、労働者たちには監視する者が見えないようにかれらを監視する、というやり方だ。これだと、労働者たちは自分がいつ監視されているのかわからない。だからいつ監視されていてもいいように働かざるをえない。つねに監視するのとおなじ効果が労働者の働きぶりにおよぼされるのだ。

こうした監視のやり方をフーコーは一望監視方式《パノプティスム》という。これもまた、他者の行為によって人間の行為が規定されるひとつのケースである。

この場合、その規定関係をくみたてているのはどのような「力」だろうか。その力とは、人間のまなざしを「監視する力」として感受するような人間の能力であり、特定の人間を監視者にする権限の体系であり、まなざしを「監視」として機能させるような知の枠組み（勤務評価基準など）であり、そして「見られずに見る」ことを可能にする人物の配置や技術である。

一つ目のケースと二つ目のケースとでは、人間の行為が他者の行為を規定するといっても、その水準はまったく異なっている。力ずくで腕を押さえるというケースでは、ある身体の物理的な力が他者の身体の物理的な力に直接作用する。したがってそれは、他のモノ（自然物など）が人間の行為を規定するのとおなじような水準にある現象だといえるだろう。

これにたいし、一望監視方式のようなケースでは、物理的な力「以上」の力がいわば「間接的」に人間の行為を規定している。「間接的」とは、相手の身体に物理的力を直接およぼすことなく、という意味だ。まなざしが「監視」として人びとの行為を律するのは、けっして物理的な力としてではない。

このように他者の行為によって人間の行為が「間接的に」条件づけられ、規定されるとき、そこには権力が作用している、とフーコーはいう。フーコーにとって権力とは、行為が行為を――自然学的な力の行使をこえて――規定するときに作用する力の関係にほかならない。

晩年のインタヴューでフーコーはこう述べている。権力の諸関係がみいだされるのは、「一方が他方の行動を規定しようとし、他方がそれにたいし、みずからの行動を規定されないように、あるいは相手の行動を規定しかえすようにして応答するような戦略的な作用関係」[1]のなかに、であると。

つまり、諸行為がたがいに規定しあう関係が権力の諸関係をくみたてるのである。重要なのは〈諸行為がたがいに〉という点だ。権力の関係は、ある人間の行為が他者の行為を一方的に押さえつけるところにあるのではない。

フーコーはまたこうも述べている。

権力の行使とは、ある者が他者の可能な行為領野を構造化する仕方である、という定義をふたたび取りあげよう。このとき権力関係にとって固有なのは、権力関係が諸行為をめぐる行

1　DE, IV, p. 728, 邦訳第一〇巻二四四頁

為の様態である、ということである。すなわち、権力諸関係は社会的結合にふかく根ざしているのであり、全面的に消去できるとおそらくは夢見ることができるような補足的構造を《社会》の上空に再構成しているのではない。ともあれ、社会で生きるということは、たがいに行為に働きかけあうことが可能となるように生きるということである。《権力諸関係なき》社会とは、ひとつの抽象でしかありえない。[2]

この引用文には、フーコーの権力概念をとらえるためのポイントがつまっている。これをもとにわれわれは、フーコーのいう権力とはどのようなものかについて、いくつかの論点を導きだすことができるだろう。

一、権力は、力の関係として、つねに関係性のもとで考えられなくてはならない。あらゆる行為が特定の力の関係をつうじて実現されることはすでに見た。権力においてもそれは変わらない。権力は行為と行為の「あいだ」で作用する。フーコーがつねに「権力（諸）関係」という表現をもちいるのはこのためだ。「権力の関係のもつ厳密に関係的な性格」[3]をフーコーは強調する。

二、権力は、行為の関係をつうじて行為のあり方（mode）を規定する。さきの引用で、権力関係が「諸行為をめぐる行為の様態（mode）」だといわれているのは、こうした権力の規定性にかんしてである。権力は、行為のあいだの関係を定めながら、そこに特定の様態をあたえるのだ。

三、権力は行為のあいだの関係を定めるだけではない。それは、行為のあり方を規定することで、身体と身体、身体とものとの関係をも定める。すでに見たように、行為とは身体と他のものとの関係の実現である。権力は、行為の様態に作用することで、そうした身体と他のものとの関係をあらためて設定するのだ。

身体と、それによって操作される客体とが触れあうすべての面に権力がすべりこんできて、両者を相互につなぎあわせる。権力は、身体＝兵器、身体＝道具、身体＝機械という一種の複合をつくりあげるわけである。……権力が課してくる規則は、同時に、運用を組立てる規則でもある。[4]

四、権力の固有性は、それがまさに人間の行為に働きかけるというところにある。権力は、抑圧するというよりは、特定の様態のもとで行為が産出されるように作動する。この点で、権力は、

2　DE, IV, p. 239, 邦訳第九巻二七頁
3　VS, p. 126, 邦訳一二三頁
4　SP, p. 155, 邦訳一五七頁

他者の身体に直接働きかける暴力とははっきり区別されるだろう。フーコーは権力と暴力をつぎのように区別している。

実際、権力関係を定義するもの、それは、他者に直接的・無媒介的に働きかけるのではなく、かれら固有の行為に働きかけるような行為の様態である。行為にたいする行為、なされうるかもしれない、あるいは現実の諸行為にたいする行為、未来のまたは現在の諸行為にたいする行為。〔これにたいし：引用者〕暴力の関係は、身体やものに働きかける。それは強制し、屈服させ、打ちのめし、破壊する。つまりそれは、あらゆる可能性を閉ざすのだ。[5]

権力は行為の可能性を開くのにたいし、暴力はその可能性を閉ざす。両者の作動の仕方はまったく異なるのである。[6]

五、権力はしたがって、抵抗の可能性をけっして排除しない。「権力のある所には抵抗がある」[7]とフーコーはいう。この点について、強制の場面を引き合いにだすことができるだろう。たとえば、イヤがる相手に便所掃除をさせるために、相手の手にブラシをもたせて、その手をつかんで動かす、といった場面である。この場合、腕力の違いに応じて、相手が抵抗しうる可能性はどんどん小さくなっていく。しかし、その結果産出されるのは、なんらかの行為というよりは、たんなる身体の受動的な状態にすぎない。抵抗の可能性が減少するとともに、行為を規定しつつ産出するという権力の効力も減少してしまうのだ。抵抗の可能性とは、権力が作動するための本質的な要件なのである。フーコーはいう。

反対に、権力関係は、それがまさに権力関係であるためには、ふたつの要素のうえでなりたっていなくてはならない。つまり、《他者》（権力関係が行使される相手）は完全に行為の主体としてみなされ、維持されるということ、そして、権力関係のまえでは、可能な応答、反応、効果、創意工夫といったものの領野全体が開かれているということ、これである。[8]

5　DE, IV, p. 236, 邦訳第九巻二二四－二二五頁

6　ここから、権力と暴力の違いを次のように概念化することもできるだろう。まず、権力は、行為が特定の様態のもとで産出されるように、行為をくみたてる諸力を触発するよう作動する。これにたいし、暴力は、行為をくみたてる諸力を破壊する。暴力は、たとえ力にかかわるものであるとしても、否定的な仕方でのみそれにかかわるのだ。ドゥルーズが述べているように、「暴力とは力に付随するもの、力から結果するものであって、力を構成するものではない」のである（Gilles Deleuze, *Foucault*, Les Edtions de Minuit, 1986, p. 77,『フーコー』宇野邦一訳、河出書房新社、一一一頁）。

7　VS, p. 125, 邦訳一二三頁

8　DE, IV, p. 236, 邦訳第九巻二二五頁

抑圧的または強制的な手段を権力がけっしてもちいないということではない。たとえそうした手段に訴えるときでも、権力はあくまでも、可能な行為の領野がひらかれているなかで作動するのである。

六、権力は諸行為のあいだの関係に内在しながら、特定の様態のもとで行為を産出する。内在性と産出性は、権力のおおきな特徴だ。権力は、行為の関係にたいして外部からなにかを禁止するのではない。諸行為がたがいに規定しあうことで特定の行為関係が産みだされるとき、その行為関係の内側で作動している力の関係が権力である。フーコーはいう。

権力の関係は他の形の関係（経済的プロセス、知識の関係、性的関係）に対して外在的な位置にあるのではなく、それらに内在するものだということ。……権力の関係は、単に禁止や拒絶の役割を担わされた上部構造の位置にはない。それが働く場所で、直接的に生産的役割を持っているのだ。[9]

七、権力の作用は行為が行為を条件づけるところに見いだされるが、だからといって権力は個人や集団の主観にもとづいて作用するわけではない。さきに見たように、そもそも行為じたいが意志をみずからの本質的なファクターにはしていない。行為をつうじて作動する権力にとっても、このことは変わらない。実際、ある行為関係のなかでなんらかの行為を実現しようと意志しても、そこで実現される行為の様態は、権力の関係によって条件づけられてしまう。ちょうどそれは、歩こうと意志して歩いても、歩く場（地面）をくみたてる力の関係によって歩く様態は条件づけられてしまう、ということと同じである。権力の条件づける働きは、行為者の主観とはかかわりをもたない。権力の関係は、意志や決定といった主観的なものの働きの産物ではないのであり、したがってそれは、特定の個人や集団が所有したり統制したりすることのできる対象でもない。権力の作用はいわば匿名的だ。とはいえこのことは、権力がまったく盲目的に作動するということを意味するのではない。それどころか、権力の関係は「隅から隅まで計算に貫かれている」[10]。権力はそれ固有の戦略的合理性をそなえているのであり、この合理性があるからこそ権力の作用は分析可能なのである。

一連の目標と目的なしに行使される権力はない。しかしそれは、権力が個人である主体＝主観の選択あるいは決定に由来することを意味しない。権力の合理性を司る司令部のようなものを求めるのはやめよう[11]。

9　VS, p. 124, 邦訳一二一頁
10　VS, p. 125, 邦訳一二二頁

権力は――たとえば多数の人間の労働を管理するといった――一定の目的合理性をもつ。しかしその合理性を主観的なものの働きによって統率されたものとして考えることはできないのである。[12]

*

以上が、フーコーによる権力の定義から導きだされる論点である。その定義ではこう述べられていた。「権力の行使とは、ある者が他者の可能な行為の領野を構造化する仕方である」、と。この権力の定義は、いまやより明確に理解されるだろう。

まず、この定義は非人称的なかたちで理解されなくてはならない。権力の作用が個人や集団の主観にもとづくものではない以上、この定義は、「ある人が権力を行使して他人の行為を規定する」というふうに読まれてはならない。「ある者」や「他者」というタームは、権力が行為の関係のもとで作動することを示すものだ。行為のあいだの関係をつうじて行為が特定の様態のもとで実現されるという事態そのもののなかに、権力の作用は見いだされるべきなのである。

「可能な行為の領野」は、こうした非人称的な権力の作用をつうじて出現する。権力は、行為のあいだの関係を定めることで、行為にとっての可能性の地平をくみたてるのだ。行為の可能性（possibilité）と権力（pouvoir）は、不可分にむすびついている。権力の関係そのものが、行為が特定の様態のもとで実現されるための可能性の条件をなすのである。ちょうど、身体と他のものとのあいだに力の関係が存在することが、行為一般にとっての可能性の条件となるように、である。こうした〈行為の可能性の地平をひらく〉という権力の機能からみるなら、フーコーが規律権力や生‐権力とよぶものは「権力の多形的な技術」[13]として位置づけられるだろう。

問題は、権力がこの可能性の領野を「構造化する（structurer）」といわれていることである。ここから、フーコーのいう権力は、構造主義者のいう構造とおなじものであると結論づけるべきだ

11　VS, p. 125, 邦訳一二二頁
12　意志や選択、決定といった主観的なものが行為の本質的なファクターをなすわけではないとしても、なぜこれらの主観的なものが行為の「根拠」としてくりかえし参照されるのか、という問題は依然として残る。ここでは詳述できないが、次のことを指摘しておこう。
　意志の観念に代表される主観的なものとは、ある行為が「誰の、どのような行為か」ということを同定するためのひとつの準拠軸である。それは、行為の「動機」として想定されることで、行為の帰属先を――「主体」というかたちで――指示するのだ。これによって行為は「ただ生起するもの」ではなくなり、社会的に処理可能なものとなる。犯罪などの「逸脱的」な行為の処理において、動機の詮索がしつこくなされるのはこのためだ。行為の関係によってなりたっている社会にとって、行為をどのように処理するのかということは本質的な事案をなす。だからこそ、動物と人間のあいだ、あるいは「狂人」と「正常な人」とのあいだで、「自由意志をもつか否か」という線引きが――人間学的に――あれほど深刻な問題となるのである。意志や選択といった主観的なものは、だから、権力「を」作動させる要因ではないが、権力「が」作動させるひとつのエレメントあるいはその効果であると考えられなくてはならない。
13　VS, p. 20, 邦訳二〇頁

ろうか。もちろんそうではない。しばしばフーコーの権力分析を構造主義にむすびつける論者がいるが、それは正しくない。

なぜかといえば、フーコーのいう権力においては、〈規定するもの〉と〈規定されるもの〉がおなじ素材（つまり行為における力）でできているからだ。構造主義的な発想では、要素（規定されるもの）と関係（規定するもの）はたがいに別のものとして考えられる。フーコーにおける権力の関係は、構造の概念が前提とするような、〈無限個の具体的モデルを（論理的には）導きだすことができる、諸要素のあいだの形式的な関係〉ではない。権力とは、なんらかの構造ではなく、諸行為がたがいに規定しあうことで力の関係の限定された布置がつくられるときの機能である。

> 権力とは、一つの制度でもなく、一つの構造でもない、ある種の人々が持っているある種の力でもない。それは特定の社会において、錯綜した戦略的状況に与えられる名称なのである。[14]

権力の作用においては、形式的な関係が一方的に諸要素のあり方を決定する、といったことは起こらない。権力は外部からなんらかの様態を行為に課すのではない。権力は行為の関係そのものに内在する力として、行為の様態を内側から規定している。権力の〈構造化する働き〉と〈形式的な関係としての構造〉とを混同しないようにしよう。

権力が行為の可能性の領野を「構造化する」といわれているのは、いわゆる自然学的な法則性には還元されない力の関係の布置が、権力の作用をつうじてうまれるからだ。権力の働きは、行為をめぐる力の関係を、それまでのものには還元不可能なかたちでくみかえるのである。このくみかえられた力の関係の布置にしたがって、身体の行為はあらたな可能性を手にするとともに、一定の仕方で条件づけられるのである。

権力と知

ここまでわれわれはフーコーの権力概念を明確化しようとつとめてきた。そこでわれわれが理解したのは、権力の諸関係とは行為にとっての可能性の条件にほかならない、ということだ。それは力の関係として、行為の可能性の領野をひらく。と同時に、そこでなされる行為を条件づける。行為にたいして可能性の領野をくみたてるとともに、その様態を規定するという二重の働きが、権力の作用を特徴づけるのだ。

こうした二重の働きは、力の関係一般に共通するものである。あらゆる行為は、身体をとりまく力の関係によってその実現の可能性をあたえられ、そして条件づけられる。この点では権力の関係も例外ではない。

14　VS, p. 123, 邦訳一二〇 - 一二一頁

では、権力の関係を力の関係一般から区別するものはなにか。

その区別は、すでに見たように、権力の関係が人間の行為を経由した力の関係である、という点にある。権力の関係は――たしかに力の関係にはちがいないが――行為というファクターを経ることで、力の関係一般には還元されえない固有の編成ロジックをもつのだ。いわば、権力の関係とは力の関係一般からでた「剰余」である。その「剰余」がもつロジックを見極めることが、フーコーの権力分析のテーマであった。

ところでフーコーによれば、こうした権力の働きは知（savoir）とむすびつく。フーコーにおいて「権力と知の諸関連[15]」などといわれるときの、あのむすびつきだ。

実際、知もまた、権力とは別の仕方でではあるが、人間の活動の可能性にかかわっている。たとえば建築学的な知は家を建てることを可能にする。知は人間の活動にたいして可能性の領野をひらくのだ。

この知の働きが、権力と知の相関をもたらす。たとえば、見ることをめぐる光学的または建築学的な知が「見られることなく監視する」ことを可能にし、今度はその監視の実践が、人間の行為を管理するためのあらたな力関係を出現させるとともに、他者を観察する仕方を変えることで人間の「内面」や性向や行動をめぐるあらたな知をもたらす、といったように。あるいは、精神医学的な知が、特定の「逸脱者」をどのように管理するかという実践とむすびついているように。

ちなみに、フランス語において「pouvoir（権力）」と「savoir（知）」という単語はともに、「…

…することができる」という意味の動詞の不定詞でもある（ただし、それらの動詞の意味論的な使用法は若干異なる）。フーコーは明らかにこの言語的特性を意識して、これら二つの概念をもちいている。権力（pouvoir）と知（savoir）はともに、人間の実践においてなにがなされうるのかという可能性にかかわっているのだ。知と権力がむすびつくのは、両者がそれぞれの仕方で人間活動の可能性の領野をひらくことをつうじて、なのである。

したがって問われるべきは、権力と知の関係はどのようなものなのか、ということとなる。じじつ、フーコーにおける権力と知の関係はこれまであまり明確にはとらえられてこなかった。たとえばフーコーの仕事にかんして、「知をもっているほど権力的には優位にある」などと言われることがある。しかしこれはまったくのミスリーディングだ。というのも、知は権力と同様、なんらかの主体（個人的な主体であれ集団的な主体であれ）が所有しうるものではないからである。知は、人間の活動を可能にしながら条件づけるものであり、特定の人間が所有したり独占したり管理したりできるようななんらかの対象ではない。

フーコーはいう。

性的欲望の次元では誰が権力を握っているのか（男性か、成人か、両親か、医師か）、誰がそ

15　SP, p. 33, 邦訳三二頁

れを奪われているのか（女性か、思春期の少年か、子供か、病人か）ということを求めるのではない。また、誰が知る権利をもち、誰が強制的に無知の中に閉じ込められているのかを求めることでもない。そうではなくて、むしろ、力関係がその働きそのものによって内包する変更のシェーマを求めることだ。「権力の分配」とか「知の獲得」とかが表現するのは、結局のところ、最も強い要素の集中的強化とか、関係の逆転、あるいは両項の同時的増大といったプロセスについての、ある瞬間における切断面以外の何物でもない。[16]

もちろん、フーコー自身認めているように、知と権力の働きは人間の諸関係にさまざまな非対称性や不均衡、分割などをもたらす。しかしその働きは、知や権力を所有するなんらかの主体からうまれるのではない。知と権力の働きがもたらす諸関係は、特定の主体によって固定化されるのではなく、「絶えざる変更と不断の移動によって貫かれて」[17]いる。知と権力の諸連関とは、そのうえでさまざまな関係がくみたてられ、くみかえられる「変換のマトリックス」[18]なのである。

ではつぎに、「知は権力によって社会的に構成されている」というテーゼはどうだろうか。これもフーコーの権力論を援用するかたちでしばしば言われることだ。じじつ、こうした社会構成主義的な発想は、フーコーの仕事を受け継ぐものとして多くのひとに共有されている。しかしこのテーゼもじつはそれほど的を射ていない。

このテーゼのまずい点は、権力と知のあいだにつよい因果関係を想定してしまっているところにある。しかし、フーコーにおいて権力と知は、原因‐結果の関係にはない。すぐ後でみるように、両者は相互に内在的だ。知は権力の働きの産物などではないのである。それに、そもそも権力は他動的な因果性のモデルにしたがって作動するのではない。実際、力の関係じたいが、「ボールを蹴る→ボールが飛ぶ」という他動的な因果関係そのものをなりたたせる基盤であるからだ。

さらにいえば、知を社会的に構成されたものとみなす社会構成主義的な考えにも問題があるだろう。知が人間の活動にたいして可能性の領野をひらく、という点はすでにみた。そうした可能性の領野にしたがって、人間の活動は条件づけられ、人間のあいだの諸関係もくみたてられる。「知は社会的に構成されている」というならば、したがって、おなじ水準で「社会的関係は知をつうじて編成される」といわねばならないのだ。実際には、社会的なものと知のどちらがより基底的かと問うことはあまり意味がないだろう。むしろ、フーコーがそうしたように、知が編成されるプロセスそのもののなかに、社会的な関係が編成される力学をみるべきなのだ。

フーコーの理論を社会構成主義的に解釈する発想はとても根強い。しかし、フーコーが権力や

16　VS, pp. 130-131, 邦訳一二七‐一二八頁

17　VS, p. 131, 邦訳一二八頁

18　VS, p. 131, 邦訳一二八頁

知をとらえる観点は、社会構成主義的な発想とは、微妙に、しかし決定的に異なっている。これはどれほど強調しても強調しすぎることはない、重要なポイントだ。

本題にもどろう。

フーコーによれば、権力と知は相互に内在的であり、たがいに他を前提とするような関係にある。性的欲望《セクシュアリテ》の装置にかんして、フーコーはつぎのように述べている。

性的欲望が認識の領域として成立したのは、それを可能な対象として制定した権力の関係を出発点としてである。また、逆に、権力がそれを標的と見做すことができたのは、まさに、知の技術や言説の手続きが性的欲望にそのような価値を与えることができたからに他ならない。知の技術と権力の戦略の間には、いかなる外在性の関係もない、それは両者がそれぞれに特殊な役割を担い、互いの差異を出発点として相互に関係づけられる場合ですらもそうである。[19]

また『監獄の誕生』にも同様の記述がみいだされる。

むしろ、われわれが承認しなければならないのは、権力は何らかの知を生み出す（ただ単に、知は奉仕してくれるから知を優遇することによってとか、あるいは、知は有益だから知を応用することによってとか、だけではなく）という点であり、権力と知は相互に直接含みあうという点、また、ある知の領域との相関関係が組立てられなければ権力的関連は存在しないし、同時に権力的関連を想定したり組立てたりしないような知は存在しないという点である。[20]

知と権力のあいだには内在的で相互的な協働関係がある。これがまずは押さえるべき点だ。権力も知も、けっして単独で機能するのではない。また、一方が他方を一方的に基礎づけるのでもない。

知がなんらかの「対象」――たとえばセクシュアリティ――を認識の領域として設定するのは、権力がその「対象」をつうじて人間のあいだの行為関係を規定しようとすることに沿ってである。また権力は、知が設定し価値化する枠組みをつうじて行為の可能性の領野を構造化しようとする。知の生産を、権力の関係をこえたところに位置する認識主体の自律的な活動であると考えることはできない。知と権力の働きは相関的だ。両者はたがいに前提しあいながら協働する。

こうした相関性はつぎのことを帰結するだろう。

つまり、知と権力はそれぞれ独立した領域で作動するのではなく、人間の活動をめぐるひとつ

19　VS, p. 130, 邦訳一二六－一二七頁
20　SP, p. 32, 邦訳三一－三二頁

の編成システムをなす。知と権力はその編成システムを稼動させる二つの働きだ。ちょうど、人間の活動において、力の関係をくみかえる実践と知的実践とが画然と区別されえないように。
知と権力によってくみたてられる編成システムを、フーコーは「身体の政治的テクノロジー」と呼ぶ。それは、身体を取囲み、身体に干渉し、身体を解読し、身体に作用することで、人間の活動領野を編成する、ひとつの工学《テクノロジー》にほかならない。

身体は、生産する身体であると同時に服従せる身体である場合にのみ有効な力となるわけである。この服従の強制は単に暴力本位の手段だけによっても、また単に観念形態を主とする手段だけによっても実現されない。よしんば、その強制は直接的で物理的であってもよい、力には力をもってしてでもかまわない、物質的な若干の要素を対象にしてもよい、しかしながら、それは暴力的であってはならない。しかも、その強制はなるほど、計算され組織化され技術的に考慮されていてもよいし、巧妙であり、武器も使わず恐怖に訴えなくてもよい、しかしながらそれは身体的次元にとどまっていなければならない。すなわち、身体の機能の科学だとは正確には言えない身体の一つの《知》と、他方、体力を制する手腕以上のものである体力の制御とが存在しうるわけであって、つまりは、この知とこの制御こそが、身体の政治的テクノロジーとでも名付けていいものを構成するのである。[21]

「身体の政治的テクノロジー」は、身体を管理しながら身体から特定の効果を引きだすために、身体に作用し、身体そのものを知の対象とする。たとえば知はつぎのように問う。どのような身体の動かし方をすれば作業効率がアップするのか、どのような時間配分や空間的配置のもとに身体をおけば生産性が高まるのか、各個人（身体）の特性や能力、性向といったものをどのように測定し、記録し、評価し、必要とあれば矯正するのか。こうした問いをめぐる知と、それにともなう身体への働きかけが「身体の政治的テクノロジー」をくみたてるのだ。

ただし注意しよう。

一般的なレベルでいえば、知はかならずしもつねに人間の身体を対象とするわけではない。たとえば農学的な知は自然を対象にする。つまり、あらゆる知が「身体の政治的テクノロジー」をくみたてると考えることはできない。

もちろん知は、それが人間の身体を対象とするものであろうとなかろうと、身体をめぐる力の関係との相関によってなりたっており、また、人間の活動にたいして可能性の領野をひらく。ちょうど、光学的な知がレンズの製造を可能にし、そのレンズが人間の視覚にかかわる力の関係をくみかえることでそれまで見えなかったものを見えるようにし、そしてその「見る」ことをめぐる可能性の変化があらたな知をもたらす、というように。

21　SP, pp. 30-31, 邦訳三〇頁

しかし、こうした身体めぐる力の関係との相関だけでは、知は「身体の政治的テクノロジー」をくみたてない。力の関係一般から権力の関係を区別することがここで重要となってくる。知は――力の関係一般とではなく――権力の関係と相関するときにのみ「身体の政治的テクノロジー」をくみたてるのだ。

したがって、知は人間の身体を対象にしさえすればそのまま「身体の政治的テクノロジー」をくみたてるのだと考えることもできない。たとえば生物学的な知は、身体の機能を解明する科学にとどまることもあれば、人種主義化された骨相学のように、さまざまな身体を評価し、管理し、処理するための政治技術となることもある。先の引用でフーコーが「身体の機能の科学だとは正確には言えない身体の一つの《知》」といっているのは、まさにこのことだ。知はあくまでも権力との協働に入るときにのみ「身体の政治的テクノロジー」をくみたてるのである。

フーコーの権力分析において、「身体の政治的テクノロジー」の概念はとても重要な位置をしめている。その重要性は、知と権力の複合体が社会そのものの編成にじかにかかわっている、というところからきているだろう。社会とは、身体相互の働きかけをつうじて身体の可能な活動領野が「構造化」される、トポロジックな空間にほかならない。知と権力は協働しながら、社会的な場のなかで諸身体を配置し、関係づけ、そこに不均衡や非対称、格差、衝突などを発生させる。両者がくみたてる身体管理のテクノロジーが「政治的」といわれるのはこのためだ。

フーコーは『知への意志』のなかで「装置（dispositif）」という概念を提起している。この概念は『監獄の誕生』における「身体の政治的テクノロジー」の概念を引き継ぐものだ。それは、性をめぐってくみたてられた知と権力の複合的な関連についてもちいられている。その装置のまわりで、生の管理を中心とした社会編成のモード——フーコーはそれを生‐権力とよぶ——が歴史的に展開されていった。

フーコーの権力分析（として一般的に知られている仕事）は、まさにこうした知‐権力による社会編成の歴史的展開をあつかっている。「〈社会的な場〉を理解可能にする読解格子として権力のメカニズムを用いること」[22]、こうフーコーはみずからの権力分析の方法を説明する。そこで分析の俎上にのせられているのは、「諸身体を攻囲してそれを知の客体となしつつ服従させる、権力と知の諸関連」[23]である。身体が他の身体との関係のなかで、いかなる知をつうじて、いかなる力の布置にさらされてきたかという問いが、フーコーにおける権力の問題系をくみたてているのだ（これにたいし、身体が自己との関係のなかでいかに力をもちいていくかという問いが、晩年のフーコーにおける倫理の問題系をくみたてる）。

権力の分析はしたがって「身体の歴史」をめぐる考察でもある、とフーコーはいう。

22　VS, p. 122, 邦訳一二〇頁
23　SP, p. 33, 邦訳三二頁

いずれにせよ、この研究の目的は、いかにして権力の諸装置が、直接に身体に関係づけられるのか――諸々の身体に、機能に、生理的なプロセスに、感覚に、快楽に関係づけられるのかを明らかにすることである。身体は消されなければならないどころか、問題は身体を一つの分析の中に出現させることであり、その分析とは、生物学的なベクトルと歴史的なベクトルとが、かつての社会学者たちの進化論のように前後関係に繋がるような分析ではなく、生を標的とする権力の近代的テクノロジーの進展につれていよいよ増大する複雑さに応じて結ばれるような分析なのである。身体というものを、それを知覚したやり方とか、それに意味と価値を与えた方法とかを介してのみ取りあげる類の「思考様式《メンタリテ》の歴史」ではなく、「身体の歴史」であり、身体において最も物質的で、最も生き物であるものを資本として用いるそのやり方についての歴史である。[24]

知と権力の関係にもどろう。両者の関係はさらに明確化されねばならない。

知と権力の関係を、言説的実践と非言説的実践の関係として考えるべきだろうか。一見したところ、これは適切なやり方のようだ。じじつ、そう考える注釈者はおおい。また、フーコー自身――知ではなく――言説と権力を対《つい》にして議論を展開することがときどきある。[25]とはいえ、知を言説的実践として、権力を非言説的実践としてとらえる発想は、全面的には支持されえない。というのも、知はたんなる言説的実践ではないからだ。ドゥルーズが的確に述べているように、知は言説的実践（言表）と非言説的実践（可視性）との組み合わせによって形成される。[26] 知の編成を言説的なレベルにだけ限定して考えることはできないのだ。

同様に、権力をたんなる非言説的実践として位置づけることもできないだろう。というのも、フーコーは権力を力の関係として定義しているが、その力の関係には記号そのものをつうじてもたらされる作用の力もふくまれるからだ。以下でみるように、言説の編成をめぐるフーコーの考察は、記号におけるそうした作用にむけられている。その作用によって言説的実践は非言説的実践にかかわることができる。いわば、権力は言説的実践と非言説的実践を横断しているのだ。

24　VS, p. 200, 邦訳一九一頁

25　たとえば次のような箇所である。
「……性に関するかくかくの型の言説において、歴史的に、しかも特定の場所に現われる真理の強奪のかくかくの形において（少年の身体のまわりに、女の性に関して、産児制限の実行について等々）、そこで作動する、最も直接的で最も局所的な権力の関係とはいかなるものか。どのようにしてこれらの権力の関係が、この種の言説を可能にし、また反対に、どのようにしてこれらの言説が、それら権力の関係に対して支えとなるのか。」（VS, pp. 128-129, 邦訳一二五頁）

26　「なぜなら、フーコーが作ったような新しい概念においては、知は、それぞれの地層や歴史的形成に特有の、可視的なものと言表可能なものとの組み合わせによって定義されるからだ。知は、実践的なアレンジメントであり、言表と可視性からなる一つの装置である。」（*Foucault*, p. 58, 邦訳八二頁）
「知を構成する様々な実践や実定性が存在するだけである。つまり、言表の言説的実践、可視性の非言説的実践だけが存在するのだ。」（*Foucault*, p. 59, 邦訳八三頁）

結局のところ、言説的／非言説的という区別では、知と権力の関係を十全にとらえることはできない。両者の関係をとらえるためには、実践を言説的／非言説的という区別とはべつのオーダーで考える必要がある。

つまりこうである。実践は、それが言説的なものであれ非言説的なものであれ、なんらかの関係のもとではじめてなりたつ。権力とは、その関係がくみたてられ再設定されるときの作用であり、またそこで定立される力の関係である。これにたいし、知は、その力の関係にもとづきながら、そこで働いている戦略的合理性をまとめあげ形式化する。そしてそれによって、諸関係をくみたてる権力の作用を価値づけ、方向づけるのだ。

これを、ドゥルーズのフーコー論にならってつぎのように言うこともできるだろう。つまり、知は力の関係としての権力を一定の形態のもとへと統合する、と。

知は、権力の作用を、可視的なもの（見ること）と言表可能なもの（話すこと）からなる実践的な編成＝アレンジメント（agencement）へと統合するのである。

実践という観点から、ドゥルーズは権力と知の関係についてこう述べている。

確かに、フーコーによれば、すべては実践的である。しかし権力の実践は、どんな知の実践にも還元できないのだ。[27]

知の実践と権力の実践は、どちらか一方が他方に還元されるような関係にはない。この還元不可能性は、ただし、言説的実践と非言説的実践という区別に由来するものではない。関係をくみたてる力の実践と、その力の関係を形態へと統合する実践、こうした違いが、権力と知をたがいに還元不可能なものにするのである。＊補論1

では、以上のように区別される権力と知はなにをつうじてむすびつくのか。言説をつうじてである、とフーコーはいう。

権力と知が一つの仕組みに結びつけられるのは、まさに言説においてなのである。[28]

知と権力の違いが言説的／非言説的という区別に重ならないことはすでに確認した。言説は、知と権力という二つの実践にともにかかわり、両者の協働を体現するのだ。

言説の編成を問うことは、したがって、知と権力の協働による社会編成のメカニズムを問うことにつながる。言説の編成を理論化した『知の考古学』の重要性がここから（も）生じてくる。この本は、『知への意志』のなかでフーコーが「言説の戦術的生産性」とよぶ問題をあらかじめ

27　*Foucault*, p. 81, 邦訳一一七頁
28　VS, p. 133, 邦訳一二九頁

理論的に考察しているのだ。

言説の戦術的生産性（権力と知とのいかなる相互作用をそれは保証しているのか）……。[29]

言説の編成

『知の考古学』は難しい本だ。フーコー自身それを認めている。フーコー研究においても、この著作が正面から論じられることはあまりない。

この本の難しさは、しかし、その内容にだけ由来するものではないだろう。それはまた、この本でなされた言説の編成の理論化がフーコーのそれ以降の仕事――つまりかれの権力分析――とどのようにつながっているのかが見えにくい、ということにも由来している。

あらためて確認しておこう。言説の編成は、フーコーが権力分析の対象とした、知と権力の協働による社会の編成に重なっている。知と権力は言説をつうじてむすびつくことでひとつの編成システムをなすからだ。この意味で、『知の考古学』はフーコーの権力分析にたいして原理論的な性格をもつといえるだろう。知と権力の協働を体現する言説の編成とはどのようなものか。『知の考古学』はそれを明らかにしているのである。

まず、言説の概念によってフーコーがなにを指示しているのかを見定めておこう。フーコーは言説についてつぎのように述べている。

> たしかに、言説は記号によって作られている。しかし言説がなすのは、ものを描写するためにそれらの記号をつかうという以上のことである。この以上こそが、言説をラングやパロールに還元できないものにする。この「以上」こそ、出現させ記述しなくてはならないものなのだ。[30]

話し、書くこと、それはけっしてニュートラルな行為ではない。言葉を発するとは、なにかを描写するためにいくつかの記号をその運用規則にしたがってもちいる、といったことにはとどまらない行為である。フーコーが言語を分析するために「言説（ディスクール）」という概念をつかうのは、〈一般的な規則とその具体的な運用〉といった枠組みにもとづくおおくの言語分析からみずからの分析を区別するためである。フーコーからすれば、そうした枠組みでは言葉のもつ重要な側面をとり逃がしてしまう。言葉を発することは、記号のたんなる運用には還元できない働

29　VS, p. 135, 邦訳一三一頁
30　AS, p. 67, 邦訳七七頁（強調原文）

きをもつ。「以上」という言いまわしは、この還元不可能な働きをあらわしている。

フーコーが言説の「編成（formation）」を問題にするのはこのためである。言説をつうじて実現されているのは、なにかを描写するために記号をもちいるという以上の働きだ。その働きを言説の編成として、フーコーは考察の対象とするのである。

その言説の編成をとらえるために、フーコーはなによりも言説をそれ以外のものにかかわらせることをやめる。「言説以外のもの」とは、主体や意識、あるいは客観性といった、言葉の使用や意味をささえると一般に考えられているもののことだ。そうしたものを想定したとたん、言説は自己以外のものの表象としてしかとらえられなくなってしまう。

フーコーはいう。

言説を起源の遠隔的な現前へと送りかえしてはならない。その審級の働きのうちで言説をあつかわなくてはならないのだ。[31]

言説にはなにか起源——主体や意識など——があって、言説はそれの表象ないしは現前だと考えることはできない。これは、行為の起源として意志のようなものを想定できないのと同じである。行為を思考するためにはそれをなりたたせる力の作用を問わなくてはならないように、言説を思考するためには、言説そのものの審級のうちで実現されている働きを問わなくてはならないのだ。

「言説の審級」とは、しかし、なにを意味するのだろうか。それが意味するのは、ある言説が実際に、特定の時間と場所において出現し、発せられ、存在したという事実的な出来事の次元である。それをフーコーは「言説空間における出来事の集まり」[32]という。

注意したいのは、そうした言説の審級においては限られた数の要素（出来事）しか問題になりえない、ということだ。一般的な言語分析が想定するような、〈有限個の規則と（論理的には）無限に展開されうるその運用〉といった構成を、言説の審級はもっていない。諸記号が実際に出現したという出来事のみが、言説の審級をくみたてる。

したがって、言説の分析においては、提起される問いも、一般的な言語分析におけるものとはまったく異なってくる。フーコーはいう。

それ〔＝いわゆる言語分析においてあつかわれるもの：引用者〕は、無限個の言語運用を許容する、規則の有限な集合である。これに対し、言説的出来事の領野とは、実際に述べられた言語的シークエンスだけからなる、つねに有限で現実的に制限された集合である。その言語的

31　AS, p. 37, 邦訳四二頁
32　AS, p. 38, 邦訳四四頁

シークエンスはたしかに数え切れないほど多くのものでありうる。そしてその多さによって、記録や記憶や読解のキャパシティーを超えてしまうこともありうる。しかしながら、それは有限な集合をなすのだ。なんらかの言説の事実にかんして、言語分析が提起する問いとはつぎのようなものである。つまり、いかなる規則にしたがってあれこれの言表はくみたてられたか。そしてしたがって、いかなる規則にしたがって、べつの似たような言表はくみたてられうるか。言説の出来事をめぐる記述はまったくべつの問いを提起するだろう。つまり、これこれの言表があらわれ、そしてその場所に他のいかなる言表もあらわれなかったのは、いったいなぜなのか、と。[33]

重要な点である。フーコーはけっして言説の分析において可能世界なるものを想定しない。それを想定するのは、〈記号の別様な運用〉がなりたちうるという考えから出発する言語分析のほうだ。フーコーはあくまでも、特定の場所と時間において特定の記号が発せられたという事実的な出来事を問題にする。

両者の違いは強調されなくてはならないだろう。一般的なフーコー理解ではこのあたりが混同される傾向があるからだ。この引用文でもほのめかされているように、その違いは、言説をなりたたせる規則をどのように考えるかという違いにもとづいている。

では、こうした言説の審級へのアプローチによってなにが見いだされるのだろうか。それは、言説の出現という出来事にともなって生起したさまざまな要素の分散である。つまり、言説の審級においては、特定の記号が特定の時間と場所において発せられたという事実のまわりで、言説を構成するさまざまな要素が散らばって存在しているのだ。

それらの要素とはなんだろうか。それは、言説がかかわる対象や、言説が述べられるときの様態、言説のなかでもちいられるさまざまな概念、言説が展開されるうえで選択されるテーマ、といったものである。

言説的出来事の領野にあるのは、こうした諸要素の「分散のシステム」[34]にほかならない。言説は、この分散のシステムをつうじて編成される。フーコーはいう。この分散のシステムのなかに、あるいはこれらの諸要素のあいだに、一定の規則性が見いだされるとき、言説の編成が問題になる、と。[35]

とはいえ注意しよう。言説の編成において規則性が見いだされるといっても、その場合の規則とは、けっして諸要素の無限の運用を可能にするような形式的体系といったものではない。そうではなく、その規則とは、諸要素がしたがう条件のことである。フーコーはいう。

33　AS, p. 39, 邦訳四四 - 四五頁
34　AS, p. 53, 邦訳六〇頁
35　cf., AS, p. 53, 邦訳六〇頁

われわれが編成の規則と呼ぶのは、この分配の諸要素（対象、言表行為の様態、概念、テーマの選択）がしたがう諸条件のことである。編成の規則とは、所与の言説的分配における存在の（さらには共存、保存、変容、消滅の）諸条件である。[36]

あらゆる行為にとって、特定の布置をもった力の関係が存在することは、その可能性の条件をなす。つまり行為は力の関係がつくる条件にしたがう。同様のことが言説の編成とその規則についてもあてはまる。編成の規則とは、言説の諸要素がしたがう諸条件のことにほかならない。この〈条件としての規則〉を、〈無限の運用を可能にする有限個の規則〉とけっして混同しないようにしよう（〈条件としての規則〉の具体的なあり方についてはまたあとで考察する）。

では言説の編成とは実際にはどのようなものか。フーコーによれば、言説の編成は、それをなりたたせる四つの要素にしたがって四つに分けられる。

「対象の編成」
「言表行為の様態の編成」（言説が述べられる仕方の編成）
「概念の編成」
「戦略の編成」（言説のなかで選択されるテーマの編成）

この四つである。さしあたってここでは、最初の二つの編成をみておこう。

まずは「対象の編成」について。

言説の対象とは、さまざまな実践以前に客観的に存在しているなにか、ではない。それは、実践をつうじてうちたてられる諸関係に相関したものである。ある対象をまなざし、それについてなにかを言いうるためには、一定の関係がその対象をめぐって定立されなくてはならない。たとえば、ある特定の時代において非行性が心理学や精神病理学といった知の対象となりえたのは、「精神医学の言説において特定の諸関係の総体が実現されたからである[37]」。

ただし注意したいのだが、ここでいわれている諸関係は、語る身体と対象とのあいだに定立されるフィジカルな関係にはとどまらない。いまの事例でいうとたとえば次のようなさまざまな関係がそこにはふくまれる。

刑法的な諸カテゴリーが区分される平面と、心理学的な諸特徴が分類される平面との関係。また、医学的な決定の審級と司法的な決定の審級との関係。警察や司法における調査と臨床上の調査との関係。家庭や性にかかわる規範と病理学的な兆候との関係。病院における治療上の基準と

36　AS, p. 53, 邦訳六〇頁
37　AS, pp. 59-60, 邦訳六八頁

監獄における刑罰上の基準との関係。[38]

フーコーはいう。こうした諸関係とは、「言説があれこれの対象について語りうるために、そしてその対象をあつかい、名づけ、分析し、分類し、説明しうるために、実行しなくてはならない諸関係の束」[39]である、と。

言説がある対象をとらえ、それについて語るということは、その対象のまわりで一定の諸関係がさまざまな実践をつうじてうちたてられるということと切りはなせない。したがって、精神医学の言説は、非行性をはじめとするいくつかの特権的な対象そのものによって特徴づけられるのではなく、「その言説が、分散したみずからの諸対象を編成する仕方によって特徴づけられる」[40]のである。

つぎに「言表行為の様態の編成」について。

この「言表行為の様態の編成」は、言説が発せられる仕方（様態）にかかわっている。言説にとって、それがどのような様態のもとで発せられるかという問題はけっして副次的なものではない。

たとえば医学的言説にとって、それが誰によって表明されるか——医者か、それともまったく別のステイタスをもつ人か——という問題は本質的である。

また、医学的言説にとって、それがどこで定式化されるかという問題も同様に本質的である。というのも、医学的言説は、病院、研究所、あるいは図書館といった制度的な場所で「みずからの正統な起源と適用点」[41]を見いだすからである。

さらに、医学的言説がどのような回路でくみたてられ発せられるか、という問題も、その言説がなりたつための本質的な要件となる。たとえば、医者が患者に問診するための質問格子や、疾病の特徴が記された一覧表、記述の類型、統計の方法、知覚的な領野を組織化する道具的な媒介、医学教育のシステム、情報の流通の仕方など。こういったものが、医学的言説がそのようなものとして定立され発せられる回路をくみたてる。[42]

フーコーによれば、言表行為の様態をめぐるこれらの問題は、言説を述べるときに主体が占めるさまざまな位置にかかわっている。医者というステイタス、病院や研究所といった制度的場所、そして、知覚し、観察し、記述し、教えるなどのために主体が占めなくてはならないポジション。こうした位置のあいだの関係が、言説が発せられる様態を規定するのだ。

言表行為の様態をうみだすのは、経験を総合したり、そこから合理性をくみたてたりする主体の活動ではない。超越論的または心理学的な主体に、言説が発せられる様態の起源をさがすこと

38　cf, AS, p. 60, 邦訳六八‐六九頁
39　AS, p. 63, 邦訳七二頁
40　AS, p. 60, 邦訳六九頁
41　AS, p. 69, 邦訳八〇頁
42　cf, AS, p. 71, 邦訳八一‐八二頁

はできない。主体、ではなく主体の位置が、言説が発せられる仕方を条件づけるのだ。言表行為の様態の編成において問われるべきは、したがって、「主体の分散」[43]であり、たがいに区別され関係づけられたさまざまな位置への主体の配置なのである。

以上がふたつの編成の概要である。そのメカニズムはわれわれになにを教えるだろうか。それが教えるのは、言説の編成は実践をつうじた関係づけのなかでおこなわれる、ということである。ちょうど身体的な行為が、身体をとりまく力の関係をそのつど実現しながら遂行されていくように、言説の編成も特定の諸関係を定立しながら展開されていく。

もちろん、そこで定立される諸関係は身体的なレベルにはとどまらない。たとえば、医師というステイタスに位置する者と、その医師が特定の質問表にもとづいて精神上の病理を観察しようとする素行不良の少年との関係は、身体的なレベルから制度的なレベル、そして抽象的・概念的なレベルまでを横断している。

言説の編成はこうしたさまざまなレベルでの関係づけをつうじて展開されるのであり、このとき、言説の編成そのものがひとつの関係づけの実践となるだろう。「実践としての言説そのもの」[44]とフーコーはいう。言説の編成とはひとつの実践であり、それは他の実践とおなじように諸関係の編成のうえに立脚しているのだ。

つぎの点に注意しておこう。

言説の実践においてくみたてられる諸関係は、文や命題のうえで定立される諸関係とけっして混同されてはならない。言説の編成における関係づけとは、なんらかの記号をつかって「AとBにはこのような関係がある」と言明することではない。たとえば、医学的言説がそれとして成立するためには、医者というステイタスが他の社会的職業や病院という制度的場所との関係のなかで規定されたり、医者が対象を観察するための道具や概念がその対象との関係のなかで規定されたりすることが必要となる。しかし、こうした関係づけは、医者が「癌のリスクは食生活に関係する」と述べることとはまったく別の事柄だ。

またこれと同じように、言説の編成における諸関係を、特定のことを言わせるように言説に外側から働きかける「下部構造」のようなものとして考えることもできない。

たしかに、言説の実践をつうじて編成される諸関係のなかには、病院などの制度的な場所や、司法制度、経済的プロセスなどといった非言説的な要素もふくまれる。しかし、それらの要素は言説の実践にたいして外側に位置するのではない。それら非言説的な要素と言説のあいだのつながりは直接的なものだ。また、そこで実現される諸関係は、言説のなかで語られる内容を規定するような原因をなすのではなく、言説が出現し定式化されるための条件をなす。たとえば、言説が特定の対象について語りうるための不可欠な地平や、特定の言説を発する主体の位置が定めら

43　AS, p. 74, 邦訳八五頁
44　AS, p. 63, 邦訳七二頁

れるための不可欠な地平を、そうした諸関係はくみたてる。言説の編成とは、外部にある非言説的な実践を言説によって反映するといったものではないのである。

言説の実践において編成される諸関係は、言説そのものの上にもなければ、その外側にもない。そうではなく「言説のリミット」[45]に位置する。そのリミットとは、記号的なモメントと非言説的な実践が出会うような言説の縁のことだ。

こうした言説的なものと非言説的なものとの混成が、「固有に〈言説的〉とよびうる〈諸関係〉のシステム」[46]を構成する。言説的な諸関係は、けっして記号だけの水準に見いだされるのではない。

言説の実践がもつ特異な性格がここにはあるだろう。その特異さは、言説の実践がさまざまな異質な要素を関係づけることができるという点にある。精神医学の言説において、医師の観察と司法の決定とが素行不良の少年の身体を介してむすびつくとき、そこでは、身体的、抽象的、観念的、制度的……といった多様な要素が関係づけられている。

フーコーはいう。

> われわれがひとつの編成システムについて語るとき、われわれがそこで含意しているのは、異質な諸要素（制度、技術、社会集団、知覚の組織化、さまざまな言説のあいだの関係）の並置、共存、相互作用といったものだけでなく、言説的実践によるそれらの要素の——ある限定さ

れた形態のもとでの——関係づけなのである。[47]

したがって、言説的実践と非言説的実践との関係は、それじたい言説的なものとなる。これはドゥルーズが強調する点だ。[48] フーコーにとって、言説の編成を分析することは、たんなる言語的な次元にはとどまらない広がりをもつ。その分析は、言説的なものが非言説的実践と連接される——それじたい言説的な——仕組みをもみずからの対象とするのである。

いいかえるなら、言説をめぐる考古学的記述は、一般史の次元で繰りひろげられる。その記述は、言説の編成がそのうえで実現される制度や経済的プロセス、社会諸関係といったもののすべての領域を発見しようとするのだ。[49]

言説の編成を分析することがどのような射程をもつのか、それがここでは明確に述べられてい

45　AS, p. 63, 邦訳七二頁
46　AS, p. 62, 邦訳七二頁
47　AS, p. 95-96, 邦訳一一〇頁
48　cf. *Foucault*, p. 19, 邦訳二二頁 ; p. 74, 邦訳一〇八頁
49　AS, p. 215, 邦訳二四九 - 二五〇頁

る。言説の編成を分析することは、そのまま社会の編成を問うことにつながる。すでに見たように、知と権力は言説においてひとつの仕組みへとむすびつく。逆にいうなら、言説は知と権力の協働をつうじて編成される。言説の編成を分析することでみいだされるのは、まさにその協働によって織りなされる社会領野そのものにほかならない。

こうした特徴は、言説の実践が――非言説的なものをふくんだ――異質な諸要素を関係づけることができるということから来ている。つまり、言説の実践をつうじて実現されるのは、たんなるフィジカルな力の関係ではなく、特定の形態をもった力の関係だ。すなわち、知によって価値づけられ、方向づけられ、定式化された力の関係である。言説の実践は、言説的なものと非言説的なものをむすびつけることで力の関係にひとつの形態をあたえる、といってもいいだろう。そうした形態をともなうからこそ、権力の関係は社会のなかで制度的に構築されうるのであるし、また歴史的に堆積されていくのである（ドゥルーズはそれを「地層化」と呼ぶだろう）。

権力と知は、協働しながら社会的な実践領野を編成する。言説の編成は、形態化された力の関係において展開されることで、その協働を体現するのである。[50]

言表の機能

では、なぜ言説は異質な諸要素の関係づけをつうじて編成されるのだろうか。いいかえるなら、言説のなかのなにがその関係づけをもたらすのか。

言表（エノンセ）の概念がこれを説明するだろう。言表とはなにか。それは「言説の基礎的な単位」[51]のことである。言説は言表を単位としてなりたっている。フーコーによれば、この単位は命題とも、文とも、言語行為（スピーチ・アクト）とも違う。フーコーは言表をこう定義している。

言表とは、なんらかの構造ではない（つまり、おそらくは無限個の具体的モデルを許容する、可変的な要素のあいだの関係の総体ではない）。それは、記号に固有に属している、存在にかかわる機能（fonction d'existence）である。その機能から出発することで、それらの記号が「意味をなす」かどうか、いかなる規則にしたがってそれらの記号は継起し、あるいは並存しているのか、それらは何についての記号なのか、いかなる種類の行為がそれらの記号の（口頭あ

50　ただしここから、「社会（的現実）は言説によって構成されている」といった社会構成主義的なテーゼを引きだしてはならない。そうしたテーゼのもとにあるのは、言説を社会の基底的な原因とみなす還元論的な発想である。フーコーは言説を、ある現実を構成する作用因とはみなしていない。フーコーの方法はあくまでも、言説が編成される仕方をたどることで、社会的な実践の領野が編成される仕組みを分析することにあるのである。

51　AS, p. 107, 邦訳一二一頁

るいは書面での）定式化によって実現されるのか、が――分析あるいは直感によって――決定されるのである。[52]

言表とは、記号がもっている「存在にかかわる機能」である。いいかえるなら、記号は、記号として存在するためには、一定の機能を満たさなくてはならない。記号は、たんに活字の鉛のうえに造型されるだけでは記号たりえない。

たとえば、キーボードの鍵盤は記号ではないが、タイピングの教則本に書かれたアルファベットの文字列（フランス語配列ではA、Z、E、R、T、JIS配列ではQ、W、E、R、T）は、キーボード上の文字の配置をあらわす記号となる。[53]つまり後者は言表の機能をもつ。その機能をつうじてAZERT（QWERT）という文字列は、いかなる文法の規則にもしたがっていないにもかかわらず、また、いかなる命題的な価値ももっていないにもかかわらず、そして、いかなる言語行為も実現していないにもかかわらず、「意味をなす」ものとして、「一定の規則にしたがって配列された」ものとして、「特定のものについての」記号として、定立されるのだ。

同じことは、文法書における動詞の活用表、植物種の分類表、会計におけるバランスシート、方程式、グラフ、などにもあてはまる。[54]言表とは、記号が存在するために必要な機能にほかならない。その言表の機能をつうじて、記号はそれとしてはじめて存在することができる。記号の存在には、すでに一定の機能がふくまれているのだ。

その機能とはどのようなものか。さきにみた言説のふたつの編成（「対象の編成」と「言表行為の様態の編成」）にかかわるかぎりで、それを確認しておこう。

最初の機能は「関説性（référentiel）」というものである。記号は「これこれについての記号である」というかたちでみずからの相関物をもつ。このときに働いている機能が言表の関説性にほかならない。言表は、記号の相関物として、言表されるものの領域の総体を出現させるのだ。ちょうど、名詞がみずからの指示対象をもつように、文が意味をもつように、命題が指示物をもつように。

しかしフーコーによれば、言表と言表されるものとの関係は、そうしたシニフィアン（意味するもの）とシニフィエ（意味されるもの）との関係には重ならない。

まず名詞（固有名をふくむ）は、ひとつの文法的要素として、その語法が使用規則によって定められており、また、いかなる状況において発せられても同じものを指示する。これにたいし、言表と言表されるものとの関係は、なんらかの使用規則によってあらかじめ定められているのではなく、また、状況の変化をつうじて——たとえ同じ語がつかわれていても——変化する。言表

52　AS, p. 115, 邦訳一三一頁
53　cf. AS, p. 114, 邦訳一三〇頁
54　cf. AS, p. 109, 邦訳一二四頁

なのだ。[55]

は反復されうるものだが、それはあくまでも文法的な使用規則とはことなる固有の体制のもとで、

また、言表とそれが言表するものとの関係は、命題とその指示物との関係にも一致しない。「金の山塊がカリフォルニアにある」という命題を考えてみよう。論理学にとって、この命題は実際の指示物をもっていないため、その否定はその肯定にくらべて、より正しくも、より正しくなくもない。しかし、この命題が指示物をもたないのは、それが地理的な事実にかかわるものと想定されるかぎりにおいてである。たとえばこの命題が小説のなかに見いだされるものだと想定されるならば、はなしはちがってくる。言表の関説性はまさにそれを規定する。ある命題が指示物をもつかどうかを言いうるためには、まず言表の関説性が前提とされなくてはならないのだ。

さいごに、文とその意味との関係についてはどうだろうか。これについては、文法的には正しい構造をもっているが意味はもたない次のような文を例にすることができるだろう。「精彩を欠く緑色の観念が、憤然と眠っている。」

じつは、この文が意味をもたないと断定されるためには、いくつかの可能性がすでに排除されていなくてはならない。つまり、それが夢の話ではないこと、詩のテクストではないこと、暗号化されたメッセージでもなければ、妄想にとりつかれた者の言葉でもないこと……。さらに、たとえこの文が意味をもたないものだと理解される場合でも、そこからすべての相関関係が消えるわけではない。つまりそこには、「観念は色をもたない以上、この文には意味がない」と判断す

ることを可能にするような相関関係や、統辞論的には正しいが意味をもたないものとしてこの文を位置づけることを可能にするような相関関係が、依然として存在する。要するに、ある文が意味をもたないところでも、言表の関説性は見いだされるのである。[56]

言表は、ある記号のまとまりが、名詞としてどのような指示対象をもつのか、文としてどのような意味をもつのか、命題として指示物をもつのか否か、を規定する。言表は、記号がかかわることになる対象の領域を差異化しながら指示するのだ。フーコーは言表の関説性をこう定義している。

55　ちなみに、言表が固有の反復可能性をもつことは、言表と言語行為（スピーチ・アクト）とを分ける重要な特徴である。ときどきフーコーの言表概念を言語行為論に近づけて理解しようとする注釈者がいるが（たとえばH・L・ドレイファス＋P・ラビノウ『ミシェル・フーコー　構造主義と解釈学を超えて』）、そうした解釈はフーコーの言表理論の射程をおおきく切り縮めるものだ。そうした解釈の根拠として、言語行為論を体系化したジョン・R・サールとフーコーとのやり取りがしばしばもちだされる（そのなかでフーコーはサールに譲歩して、言表と言語行為がそれほど違うものではないと言っている）。しかし必要なのは、両者がそれぞれ言語をどのようにとらえ、それによってなにを分析しようとしたのかを、両者の差異に留意しつつ、理論的にとらえることだ。フーコーの言表理論はたしかに難解だが、だからといってそれを別の言語理論の枠組みにむりやりあてはめて安易に合点しようとしてはならない。言表の反復可能性については、AS, pp. 131-138, 邦訳一五二－一六〇頁、を参照のこと。

56　以上の点は、AS, pp. 117-119, 邦訳一三五－一三七頁、を参照

それ〔＝言表：引用者〕はむしろ〈関説性〉に結びついている。その関説性は〈もの〉や〈事実〉や〈現実〉や〈存在〉によって構成されているのではなく、そこで命名され、指示され、記述される諸対象にとっての、そしてそこで肯定あるいは否定される諸関係にとっての、可能性の法則や存在の規則によって構成されているのだ。言表の関説性は、個人や対象、ものの状態、そして言説そのものによって作動させられる諸関係、などの、場所や条件、出現の領野、差異化の審級などを編成する。言表の関説性は、文に意味を与えるもの、命題に真理値を与えるものの、出現と境界画定の可能性を規定するのである。[57]

言表のつぎの機能に移ろう。その機能とは、言表の主体の位置を定めるというものである。言表の主体とは、それを発した実在の個人ではない。また言表のうえにあらわれた文法的主語でもない。それぞれの言表は主体との限定された関係をもっている、とフーコーはいう。フーコーが挙げているのは数学の論文の例だ。そこでは同じ個人が、継起する言表のもとで、つぎつぎに異なった主体の位置を占め、異なった主体の役割を演じる。

まず序文では、なぜ、どのような事情のもとで、どのような問題を解決するために（あるいはどのような教育的な配慮から）この論文が書かれたか、ということが説明されるだろう。そうした序文において言表の主体の位置を占めるのは、それを書いた実際の著者である。というのも、その序文では当の論文の個別性が問題となっているからである。

つぎに、論文の本論において「第三の量に等しいふたつの量は、たがいに等しい」といった命題が展開されるとき、主体の位置はまったく異なったものとなるだろう。そこでの主体の位置は、時間や空間や状況の違いにたいしてニュートラルであり、いかなる言語においても同一なものとしてあらわれる。その命題は、どのような状況や言語においても普遍的なものとして提示されており、したがって、あらゆる個人がその言表における主体の位置を占めることができるのだ。[57]

さいごに、論文の末尾において「……ということが証明された」と言表する主体の位置も特殊である。というのも、その言表は、一連の言表上の出来事（つまり証明）によってくみたてられた厳密な文脈によって条件づけられているからである。そこでの主体の位置は、証明にかかわる特定の操作をつうじて局所化されることで、その操作にとっての権利上の帰属点をなすだろう。[58]

言表の主体は、同じ個人が書いた（あるいは述べた）テクストのなかでも変化する。言表の主体とは、言説の実践を物理的にささえる恒常的で自己同一的な中心といったものではない。フーコーは、言表によって割りふられる主体を「さまざまな個人によって実際に満たされうる空虚で限定された場所[59]」と説明している。それは、あらゆる個人が記号を発するために占めうる、ある

57　AS, p. 120-121, 邦訳一三八－一三九頁
58　以上、AS, pp. 123-124, 邦訳一四二－一四三頁、を参照
59　AS, p. 125, 邦訳一四四頁

いは占めなくてはならない匿名的な位置にほかならない。記号は、活字の鉛のうえに造形されるだけでは、記号としては存在しない。同じように、記号が存在するためには、ある個人によって発せられるという機械的な因果性以上の主体との関係が必要なのだ[60]。

　以上が言表のふたつの機能である。それらの機能は、言説のなかのなにが異質な諸要素の関係づけをもたらすのかを示しているだろう。

　言表はまず、記号がかかわることになる領域の総体を出現させる。そして、記号にたいして主体が占める位置を規定する。つまり、言表は記号をつうじてさまざまな関係づけをおこなうのだ。言表とは、記号が存在するためにみずからのまわりに固有の諸関係をくみたてるときの機能にほかならない。もちろん、そこで記号が関係をむすぶ諸要素は、非言語的なものをふくんだ多様なものである。そして、それらの関係はつねに記号がもつ関係である以上、たとえその要素が非言語的なものであっても、関係そのものは言説的なものとなる。言表とは、くりかえせば、記号における「存在にかかわる機能」である。記号は、記号として存在するためには、言表の機能を満たさなくてはならない。いいかえるなら、記号が存在するときにはつねに多様な要素との言説的な関係がうちたてられるのだ。こうした記号の「存在にかかわる機能」をつうじて、言説は異質な諸要素の関係づけのうえで編成されるのである。

　このことは同時に、言説の編成がどのように知と権力の協働を体現するのか、ということをも説明するだろう。

ポイントは、言表が諸要素を関係づけるのはつねに記号をつうじてである、というところである。つまり言表は、関係づけという権力的な作用を実現しながら、その関係を価値化し、定式化し、形態化する知の働きへの道をひらくのだ。

言表とは、いわば記号の存在に内在する力である。もちろんその力はフィジカル（物理的・身体的）な力ではない。また、記号を発する身体の力がその力の源泉なのではない。記号は、それ固有の存在において力をもつ。この力はけっして権力と無関係なものではないだろう。実際、フーコーのいう権力は、たんなる物質的な力とは同一視されえない。それに言表の機能も、けっし

60　こうした匿名的な場所という主体のあり方は、「身体の政治的テクノロジー」の作動においても見いだされる。フーコーは――「主体」という言葉をつかっているわけではないが――一望監視方式について次のように述べている。
「つまり上述のごとく、誰でもが中央の塔へやってきて監視機能をはたしうるし、そうすることで監視が行なわれるさいの方法を見抜きうるのである。……社会のどんな成員でもそこへやって来て自分の目で、どんなふうに学校や病院や工場や監獄が機能しているかを確かめる権利をもつだろう。」（SP, pp. 208-209, 邦訳二〇八‐二〇九頁）
ちなみにジョアン・コプチェクは、言表や権力の働きをめぐる以上のような主体のとらえ方をとりあげて、フーコーが民主主義における権力と全体主義における権力を混同していると批判している（『わたしの欲望を読みなさい――ラカン理論によるフーコー批判』梶理和子他訳、青土社、第六章「不能なる〈他者〉」、とりわけ一八八‐一九八頁、参照）。しかしその批判は、権力や言表をめぐるフーコーの理論にたいする明らかな読み違えにもとづいている。

て身体的なレベルにかかわっていないわけではない。たとえば言表は、記号がかかわることになる領域の総体を確定することで、可視性（見ること）にたいして規定的に作用することができる。こうした言表の機能こそ、知と権力が言説においてむすびつく基盤なのである。*補論2

編成システムと規則

さいごに、言説の編成における規則とはどのようなものか、簡単に確認しておこう。フーコーはこう述べている。

編成システムによって理解すべきなのは、だから、規則として機能する諸関係の複合的な束である。[61]

言説の編成においては、諸関係の束が規則として機能する。これがまずは押さえておくべき点だ。言説は、非言説的なものを含んださまざまな要素の関係づけをつうじて編成される。そこで実現される諸関係そのものが言説の編成にとっての規則となるのだ。

ただしこの場合、規則とは〈条件としての規則〉を指すということには注意しておこう。これはすでにみた点である。ちょうど、身体的な行為が身体をとりまく力の諸関係によって条件づけられるように、言説の実践も、それをなりたたせる諸関係の束によって条件づけられる。編成システムにおける規則とは、そこでの実践が条件づけられる仕方のことだ。どのような関係のもとで実践がなされるかで、その実践の様態はきまってくる。つまり、編成システムにおいて諸関係が規則として機能する、とは、言説の編成をつうじて実現される諸関係がそのままその編成を条件づける、ということにほかならない。

とはいえ間違えてはならない。諸関係の束が言説の実践を条件づけるといっても、それは「関係の体系が諸要素のあり方を規定する」ということではない。構造主義的な考えが想定するような、「諸要素の役割や位置を決定する関係のシステム」というモデルは、言説の編成にはあてはまらない。

たとえば言語は、このモデルではつぎのように考えられる。すなわち、おのおのの語はそれじたいで特定の意味や文法的役割をもっているのではなく、他の語との関係の体系のなかでのみ一定の意味や文法的役割を担っている、と。

言説の編成において見いだされる規則は、こうしたモデルにおける〈構造としての規則〉とはけっして同じではない。

まず構造主義的なモデルにおいては、関係は諸要素とは独立に存立している。そこでは諸要素

61　AS, p. 98, 邦訳一一二 - 一一三頁（強調引用者）

は、関係の各項を占めにやってくる可変的で代替可能な単位でしかない。関係そのものは各項の要素が入れ替わっても同一性を保つ。したがって、こうしたモデルにおける規則は、諸要素にたいして超越的で無時間的なものとなるだろう。

これにたいして、言説の編成における関係は、実践をつうじてはじめて実現される。それは実践と相関的なものだ。言説の編成において実践とは——関係の各項を占める要素ではなく——関係の実現そのものであり、そこでは関係は実践と異なったレベルに位置するのではない。言説の編成における規則は、したがって、実践に内在した、それじたい時間的なものとなるだろう。フーコーはいう。言説の編成において見いだされるのは、「時間的なプロセスに固有な規則性[62]」であり、「実践に内在し、実践をその固有性において規定する〔définir〕諸規則の総体[63]」である、と。

あらゆる実践にたいして、いつでもどこでも一様に適用されるような一般法則のモデル、そういったモデルは言説の編成にはあてはまらないのだ。編成の規則とは、実践がおこなわれるまえにすでにその遂行のされ方を決定しているような構築の法則ではない。そうではなく、実践の遂行そのもののなかに事実的に作用している諸条件のことである。言説の編成においては、実践をつうじて実現される諸関係がその実践にとっての規則をなす。いいかえるなら、いかなる実践もなんらかの規則を内在させているのである。それはけっして、編成の規則があらゆる実践にあてはまる一般的なものだからではない。そうではなく、いかなる実践もなんらかの関係づけのもとでしか、つまり特定の条件のもとでしか実現されないからである。

すべての実践は一定の規則によって条件づけられている。これが意味するのは、言説の編成においては「どの実践が規則的で、どの実践が例外的か」といったことは問題になりえない、ということだ。つまり、編成システムにおいては「規則性は、不規則性に対立しない」[64]。

どれほど月並みで反復されたものであれ、また、どれほど特異で例外的にみえるものであれ、実践は特定の諸関係を実現しながら、すなわち一定の規則性（諸条件）をともないながら展開される。たとえ逆説的に聞こえようとも、言説の編成においては、一般法則がなりたたないからこそ、規則性は不規則性に対立しないのだ。ある実践の規則性に対立するのは、不規則性ではなく、べつの実践の規則性である。

フーコーは言表の規則性についてこう述べている。

あらゆる言表は一定の規則性を担っており、その規則性から分離されえない。だから、ある言表の規則性に対立させるべきは、べつの言表の不規則性ではなく、他の言表を特徴づけるべつの規則性なのである。[65]

62　AS, p. 98, 邦訳一一三‐一一四頁
63　AS, p. 63, 邦訳七三頁
64　AS, p. 188, 邦訳二一九頁
65　AS, p. 188, 邦訳二一九‐二二〇頁

編成システムにおいては、規則性と不規則性の対立は意味をなさない。いいかえるなら、そこでは、より支配的で、より長期的に反復される規則と、そうでない規則との違いしかないのである。

歴史の分析においても同じことがいえる。歴史のなかで起こる編成規則の変換や切断は、けっして連続的なものにたいする非合理的なものの闖入などではない。変換や切断は、連続性の事実にくらべて説明不可能で根拠のない出来事なのではない。それらが非合理的に見えるとすれば、それは、連続的なものを編成システムにおける正常な基礎として想定してしまっているからだ。フーコーは、編成システムの歴史分析をおこなう考古学について、つぎのように述べている。

考古学は、連続的なものを、他のものを説明すべき究極的な所与とはみなさない。反対に考古学は、同一なもの、反復するもの、中断されないものが切断と同じように問題を構成する、と考えるのである。[66]

連続的なものも非連続的なものも、実践を条件づける規則として、おなじ権利で編成システムに属している。連続性が非連続性にくらべて自明である根拠はどこにもない（逆もまたしかり）。したがって、切断——たとえばエピステーメの断絶といったもの——を特権的にあつかう歴史分析としてフーコーの考古学をとらえることは正確ではない。また、フーコーの考古学的分析を「(超越的または共時的な) 構造がどのように歴史のなかで変換されるのか」といった問題設定にむすびつけることも間違っている。これらの解釈はしばしば見られるものだが、どちらもフーコーのいう規則性や規定性にたいする無理解にもとづいている。[67]

編成システムにおいて問題となるのは、あくまでも〈条件としての規則〉である。編成システムをめぐって、どのような一般的な法則にしたがってこれこれの実践はなされたか、と問うこと

66　AS, p. 227, 邦訳二六四頁

67　『知の考古学』のなかでフーコーは、言説の編成において規則が実践を規定するということをあらわすのに、déterminerという動詞をもちいることを慎重に避けている。この動詞は「規定する」という意味をもつ一般的な動詞だが、哲学的な文脈ではとりわけマルクス主義的な図式のなかでもちいられる。下部構造である経済的審級が社会制度や法体系や人間の意識を「規定する」という意味として、だ。アルチュセールがこの下部構造の規定性をとらえなおそうとして提起した「重層的決定 (surdétermination)」の概念も、こうした使用法の延長線上にある。これにたいして、言説の編成における規定性をあらわすためにフーコーがもちいるのはdéfinirという動詞だ。

こうした語の使用は、規則や規定性をそれまでの言語理論や社会理論とは違うかたちで思考することがいかに『知の考古学』における重要な賭金となっていたのかを示している。フーコーは、規則や規定性をめぐる認識を刷新しないかぎり、言説の編成が歴史をつうじて変容していく過程をとらえきれないと考えていた。そこで練りあげられた理論的認識は――言説の編成が知と権力の協働を体現している以上――当然『監獄の誕生』以降の社会分析にも引き継がれている。

はできない。一般的な法則の適用として実践をとらえる立場は、その法則からの逸脱の問題をつねに抱えてしまう。しかし、編成システムの規則性は「頻度や蓋然性の指標としての価値をもちえない」[68]。

「言説の編成は構築の原理によって特徴づけられるのではなく、事実上の分散によって特徴づけられる」[69]、とフーコーはいう。ひとつの言語的単位がそれの属する言語法則にしたがって構築されるのとは違うかたちで、言説は編成される。そこにあるのは、編成の諸要素をめぐる「分散の原理」[70]だ。編成システムにおいては、実際に起こった有限数の出来事のなかで条件として作動している諸関係の事実的な布置が規則となるのである。

『知への意志』のなかでフーコーはこう述べている。

おそらくノミナリストの立場を取らねばなるまい。[71]

この「ノミナリストの立場」は、権力をどうとらえるべきかという方法にかんして言われたものだ。その立場は、編成システムにおける規則性や規定性をどのように認識するかという問題と密接につながっている。権力は知と協働しながら社会を編成する。その編成を、諸要素のあいだの無限のコンビネーションを可能にする一般法則とは別のあり方で、つまり諸要素の「事実上の分散」において認識するのがノミナリストの立場にほかならない。

社会のなかで生き、その編成システムのもとで実践していくためのエチカ（倫理）の可能性は、まさにこうした立場から探究されねばならないだろう。スピノザは、共通概念としての一般法則から世界をとらえる「第二種の認識」をこえたところ（第三種の認識）にエチカの可能性をみいだした。社会という位相において、フーコーの思考もまた、そうしたエチカの可能性の方向をさし示しているのである。

68　AS, p. 188, 邦訳二一九頁
69　AS, p. 153, 邦訳一七八頁
70　AS, p. 226, 邦訳二六三頁
71　VS, p. 123, 邦訳一二〇頁

＊補論1　権力と知の関係をめぐるドゥルーズの解釈

ドゥルーズは権力と知の違いをつぎのように説明している。

権力と知とのあいだには性質の相違があり、非等質性が存在する。しかし、二つはたがいに前提しあい、たがいに捕獲しあう。そして、結局、一方が他方に対して優先する。まず、性質の違いがあるというのは、権力は形態を経由するのではなく、ただ力のみを経由するからだ。知は形成された素材（実体）と形式化された機能に関わり、これらは、見ることと話すこと、光と言語という二つの大きな形式的条件のもとに、一つ一つの線分として配分されるのだ。知はそれゆえ地層化され、古文書として保存され、相対的に硬い線分性をおびる。権力の方は逆に、ダイアグラム的である。それは地層化されていない素材や機能を作動させ、非常にしなやかな線分性によって進行する。実際、権力は形態を経由するのではなく、様々な点を経由する。それぞれの場合に、ある力の適用、ある力の他の力に対する能動または反動、つまり「つねに局在的で、不安定な権力の状態」としての情動をしるす特異点を経由するのだ。[72]

少しわかりにくいかもしれない。ドゥルーズがここで想定しているのは、たとえば子供を管理しながら訓育しようとする権力の実践が、学校という施設（素材）と教育という（形式化された）機能をそなえた知の実践へと統合される、といった事態である。ドゥルーズはそれを、力や点を経由する権力と、形態や線を経由する知、という違いによって説明しているのだ。つまり、力の関係をくみたてる権力が、施設をつうじて子供を監督する可視性のレベルと、それを教育という機能として定式化していく言表可能性のレベルのもとで、知の形態として実現されるのである。

ところで、こうしたドゥルーズの説明に、微分‐積分の関係とのアナロジーを見ることはそれほど困難ではないだろう。点や線といったタームはそこから来ている。じじつ、ドゥルーズはこう述べている。

> 権力関係は、様々な特異性（情動）を決定する差異的な〔différentiel＝微分的な：引用者〕関係である。それらを安定させ、地層化するような現実化とは、一つの統合作用〔intégration＝積分作用：引用者〕である。つまり一つの「普遍的な力線」を引き、様々な特異性を結びつけ、それらを整列させ、等質化し、系列化し、収束させるような作用である。[73]

72　*Foucault*, p. 80, 邦訳一一六頁

73　*Foucault*, p. 82, 邦訳一一九頁

ドゥルーズによれば、権力は点とその力の配分によって定められた微分的な関係にかかわり、知はそれらの点をむすびつけ、ひとつの線分へと統合＝積分することで形態を出現させる。こうしたドゥルーズの説明は、フーコーにおける権力と知の関係を理論的に把握するための強力な手引となるだろう。しかし、そこには議論すべき点がないわけではない。

なぜなら、ドゥルーズは権力の関係を力の関係一般から区別していないからである。ドゥルーズはフーコーにおける権力概念をこう説明している。

〈権力〉とは何だろうか。フーコーの定義は実に簡潔にみえる。権力は力のひとつの関係なのだ。あるいはむしろ、どんな力の関係も、ひとつの「権力関係」なのだ。……したがってどんな力もすでに関係であり、すなわち権力なのだ。[74]

「権力は力のひとつの関係である」という命題から「どんな力の関係も、ひとつの権力関係である」という命題への移行には飛躍があるだろう。さきの微分‐積分のアナロジーは、権力の関係と力の関係一般とのこうした同一視のうえで展開されている。したがって、そのアナロジーは権力と知の関係を過度に一般化してしまう。力の関係一般にたいして権力の関係がもつ固有性を、知との関係のなかで問うことができなくなってしまうのだ。

すでに見たように、権力の固有性は、身体をとりまく力の関係が身体のあいだの行為関係をつうじてくみかえられ、それによって身体の活動領野が「構造化」されるところに存している。もし権力の関係が力の関係一般から区別されないのなら、あらゆる行為がそのまま権力だということになってしまう。

こうした権力の固有性の観点からすれば、権力の関係を、知がひとつの線分へと積分しなければ「消滅」してしまうような「潜在的な」ものとして考えるドゥルーズの立場は[75]、それほど支持されうるものではないだろう。むしろ権力の関係は、「地層の外そのもの」[76]としてではなく、地層あるいは装置の編成（agencement）に内部から関与するものとして考えられなくてはならない。

このことはさらに、言表をどう位置づけるかという問題にもかかわってくる。ドゥルーズは言表を、みずからの外にある力の関係に「奇妙にも類似し、ほとんど一致することがある」[77]統合＝積分作用として位置づけている。これにたいし、地層の編成に知と権力が協働してかかわっていると考える本稿の立場からすると、言表は、力の関係を実現するような機能をそれじたいでそなえたものとして位置づけられなくてはならない。この点については以下で考察する。

74　*Foucault*, p. 77, 邦訳一一一頁
75　cf. *Foucault*, p. 88, 邦訳一二八頁
76　*Foucault*, p. 90, 邦訳一三二頁
77　*Foucault*, pp. 85-86, 邦訳一二五頁

＊補論2　ドゥルーズの方法と権力の位置

ここでふたたびドゥルーズのフーコー解釈にふれておこう。ドゥルーズは、フーコーにおける言表と権力の関係をつぎのようにとらえている。

まず、言表（言説的実践）と可視性（非言説的実践）とのあいだには、「性質の差異あるいは非同型性」[78]が存在する。ただし両者のあいだには——相互的な前提関係がありながらも——可視性にたいする言表の優位性があり、言表は可視性にたいして「規定的（déterminant）」[79]に働く。とはいえ、可視性にたいする言表の規定性は不十分なものであり、両者の関係が整合されるためには、それらとは異なる「第三の次元」[80]がなくてはならない。それが力の関係としての権力である、と。

言表が可視性にたいして規定的に作用する、という点はそのとおりだろう。つまり言表は「見ること」を拘束する（だからこそ言説的実践と非言説的実践の関係はそれじたい言説的なものとなるのである）。ちょうどパイプの絵の下に「これはパイプではない」と書かれたマグリットの作品におけるように、可視性（パイプの絵）よりも言表（「これはパイプではない」という言葉）のほうに優位性があるのだ。

ここまでは問題ない。議論の余地があるのはそのあとである。はたして権力は「言表の外」[81]にある「第三の次元」として位置づけられるべきだろうか。

本稿がここまで考察してきたことにしたがえば、権力は言表の完全な外に位置するのではなく、その機能のなかにも見いだされる。先にもみたように、ドゥルーズは、言表がみずからの外にある力の関係に「奇妙にも類似し、ほとんど一致することがある」[82]という。しかし言表は――力の関係に「奇妙にも類似」するのではなく――記号における存在の力として、関係を実現するような作用をみずからのうちにそなえている（そうでなければ言表はそもそも可視性（非言説的実践）に規定的にかかわることはできないだろう）。言表がみずからのうちにそうした作用をそなえているからこそ、知と権力は言説をつうじてむすびつき、ひとつの装置をくみたてるのだ。

これにたいしてドゥルーズは、権力を、知と協働して装置をくみたてるものとはみなしていない。むしろ、知そのものを装置とみなし、知の編成から装置のメカニズムを説明している。

知は、実践的なアレンジメントであり、言表と可視性からなる一つの装置である。[83]

78　*Foucault*, p. 74, 邦訳一〇八頁
79　*Foucault*, p. 74, 邦訳一〇八頁
80　*Foucault*, p. 75, 邦訳一一〇頁
81　*Foucault*, p. 85, 邦訳一二五頁
82　*Foucault*, pp. 85-86, 邦訳一二五頁
83　*Foucault*, p. 58, 邦訳八二頁

このとき権力は、歴史的形成としての装置の外に見いだされる「無形的な基本要素」[84]として考えられることになる。ドゥルーズによれば、権力はそうした無形的な力であるからこそ、言表と可視性を――両者の性質の差異をこえて――むすびつけることができるのだ。

権力の位置づけをめぐる、われわれの相違は明らかである。

じつはドゥルーズのこうしたフーコー解釈は、ドゥルーズ自身の哲学的方法に由来している。その方法とは、簡単にいえばつぎのようなものだ。

まず、基礎的なふたつの要素のあいだに性質の差異、あるいは質的な差異が見いだされる。たとえば、かれの『ベルグソンの哲学』では、空間化された一般的な時間と純粋持続とのあいだに質的で還元不能な差異が見いだされる、というように。

そしてつぎに、質的に異なったそれらの要素をむすびつけ、一元化するような原理が求められる。その原理は、質的な差異そのものをうみだし、その差異の関係をなりたたせるようなものでなくてはならない。ドゥルーズは、そうした差異（化）の原理こそが世界の原理をなしていると考える。質的な差異をうみだし、その関係をなりたたせる差異化の運動が世界を構成している、という世界把握だ。ドゥルーズはそうした差異の原理を、『ベルグソンの哲学』におけるように、ふたつの要素の一方に求めることもあれば（つまりその場合だと純粋持続が差異化の運動そのものとして位置づけなおされる）、あるいは『フーコー』におけるように、ふたつの要素とはべつの第三の要素に求めることもある。

『フーコー』における権力の位置づけがここからうまれてくる。権力の関係が、言表と可視性という、質的に異なったふたつの要素をむすびつける差異の関係として定義されるのは、こうしたドゥルーズ的方法にもとづくのだ。

ドゥルーズのフーコー論にたいする本稿の疑義は、まさにここに起因する。ドゥルーズが権力の関係を力の関係一般と同一視していることに本稿がこだわるのはこのためだ。その同一視がドゥルーズの方法に由来していると考えられるだけに、なおさらそれは問題的である。ドゥルーズはフーコーにおける権力の関係を、みずからの哲学的図式にあてはめようとするあまり、世界を構成する力の関係一般から区別できないものにしてしまった。

もちろん権力の関係は、世界の原理としての力の差異的な関係に属してはいる。しかしそれは、人間の実践を経由したものとして、あくまでも力の関係の特殊な一部分にすぎない。権力の関係は、世界の原理として考えられた差異のシステムからみれば局所的なものであり、この意味で、やはり両者は理論的に区別されなくてはならないのだ。人間の実践が世界そのものを成立させるわけではない。力の関係一般は、人間の実践領野をこえて世界を覆っている。世界と社会の区別は、フーコー権力論の把握においても無視されてはならない。権力が装置の外に位置するのか、それとも知とともに装置をくみたてるのか、という問題が重要なのは、このためである。

84　*Foucault*, p. 88, 邦訳一二九頁

たしかにドゥルーズは、フーコーにおける抵抗や主体化のテーマをあつかった章（「褶曲あるいは思考の内」）で、襞という概念をもちいながら「外の力」について語っている。この「外の力」こそが、権力から区別された力の次元をさしている、と考えることはもちろん可能だろう。しかしその場合でも、権力は、社会を編成する装置にではなく、世界を構成する原理のほうに位置づけられてしまうということには変わりがない。

ただし断っておけば、本稿がこうした疑義を提起するのは、ドゥルーズの読みをフーコーに忠実ではないという理由で批判したいからではない。実際、フーコー自身、権力と知と言説の関係を概念的に定式化しているわけではない。ドゥルーズはその関係を、他のフーコー論を寄せつけないほど深いレベルで理論化している。本稿の疑義は、そのドゥルーズの仕事によって触発された、開かれた問いにほかならない。

あとがき

権力というのは、われわれにとってもっとも身近な政治現象かもしれない。じじつ、好むと好まざるとにかかわらず、われわれはつねに何らかのかたちで権力のなかに巻き込まれ、権力を求めたり、権力によって振り回されたりしているからだ。

その権力について、私はこれまでさまざま切り口から考察をおこなってきた。本書は、そうして書かれた文章のなかから、いくつかを選んで、まとめたものだ。本書の副題が示すように、権力の問題を「状況」と「理論」という二つの側面から論じた文章がここには集められている。

「状況」というのは、もちろん、われわれをとりまく現代世界の状況のことである。グローバリゼーションや「テロとの戦い」、構造改革などをつうじて、世界のあり方は現在おおきく変容している。ナショナリズムが新たなかたちで噴出しているのも、その変容にともなって、だ。そうした状況をどのようにとらえるのか、という関心が、本書に収められた文章をつらぬいている。

これにたいし「理論」というのは、ミシェル・フーコーの権力分析をめぐる理論的考察を指している。

権力を思考するうえでフーコーの権力論がきわめて重要なものであるということは、だれもが認めるところだろう。しかし、そもそもフーコーは権力ということでなにを問題にしているのか、どのような着想のもとで権力をとらえているのか、その権力分析はかれの言説分析とどのような関係にあるのか、といったことを明確に論じられる人はあまりいない。本書所収の「フーコーの方法」は、そうした問題に理論的に答えようとしたものだ。

ところで、グローバリゼーションにせよ、ナショナリズムにせよ、いまの世界でおこっている事象を考察しようとすれば、国家の問題を避けて通ることはできない。しかし思想や理論の世界では、しばしば国家の問題とフーコーの権力論は相容れないものだと考えられてきた。

では、本書でなされた「状況」をめぐる考察と、「理論」をめぐる考察とは、どのようにつながるのだろうか。それを説明するために書かれたのが、序論「国家権力とフーコー権力論のあいだ」である。現在の権力状況をめぐる考察と、フーコー権力論についての考察を、こうしてともに一冊の本にまとめる以上、両者の関係をはじめに明確化しておくことは必要な作業にちがいない。

書き下ろしである序論を除いて、ここに収められた文章はすべて、かつてさまざまな雑誌に発表されたものである。それら雑誌の編集者の方々には、寄稿のさいにたいへんお世話になった。この場を借りて、お礼申し上げたい。

初出は以下のとおりである。

「テロリズムと主権国家の例外」、『情況』、情況出版、二〇〇四年一一月号

「構造改革をつうじた権力の再編成──新しい利権の回路と暴力の図式」、『論座』、朝日新聞社、二〇〇六年一〇月号

「郊外と〈第三世界〉の拡大」、『現代思想』、青土社、二〇〇六年二月臨時増刊号

「ナショナリズムの逆説」（原題「国家の思惑と民衆の要求は、なぜ逆説的に一致するか」）、『世界』、岩波書店、二〇〇六年六月号

「ポピュリズムのヨーロッパ」（筆名：萱野三平）、『現代思想』、青土社、二〇〇二年九月号

「フーコーの方法──権力・知・言説」（筆名：萱野三平）、『現代思想』、青土社、二〇〇三年一二月臨時増刊号

本書をまとめるにあたり、私はこれらの文章すべてに加筆・修正をほどこした。なかには大幅に手を入れたものもある。

本書の編集を担当してくださったのは、青土社の今岡雅依子氏である。

今岡氏には、今回ほんとうに尽力していただいた。私のわがままをいろいろと聞いてくれたり、

遅々としてすすまない私の作業に辛抱強くつきあってくれた。さらに、今岡氏には、編集の過程でおおくの問題提起や論点の整理をしていただいた。本書のなかには、今岡氏のサポートがなければけっして成立しなかった論点がいくつもある。こうして無事に本書を出版することができたのは、ひとえに今岡氏のおかげである。深く感謝したい。

萱野稔人

二〇〇七年六月

萱野稔人（かやの・としひと）
1970年生まれ。2003年パリ第十大学大学院哲学科博士課程修了。哲学博士。現在、津田塾大学国際関係学科准教授。著書に、『国家とはなにか』（以文社）、『カネと暴力の系譜学』（河出書房新社）、『いま、哲学とはなにか』（共著、未来社）など。

権力の読みかた
状況と理論

2007年7月10日　第1刷印刷
2007年7月20日　第1刷発行

著者――萱野稔人
発行者――清水一人
発行所――青土社
東京都千代田区神田神保町1-29　市瀬ビル　〒101-0051
（電話）03-3291-9831［編集］、03-3294-7829［営業］
（振替）00190-7-192955
印刷所――ディグ
製本所――小泉製本

装幀――HOLON

ISBN978-4-7917-6343-6